삼성 소프트웨어 검정 시험을 출제·검토·강의하였던 저자의 핵심 비법 정리

삼성
소프트웨어 역량테스트
완전정복

송종현 지음

SAQ

황금알

머리말

　본서는 삼성 소프트웨어 역량테스트에서 출제될 수 있는 핵심 알고리즘과 문제들로 구성되어 있다. 이 책을 읽는 이들이 컴퓨터 프로그래밍 언어인 C++ 혹은 JAVA의 문법을 이해하고 있다는 전제하에 언어의 기본적인 문법에 대한 설명은 생략하였다. 처음 컴퓨터 프로그래밍을 접하는 수험생은 C++, JAVA 학습서와 병행하며 학습하기를 추천한다.

　실제 시험은 C, C++, JAVA 세 개의 언어 중 하나를 선택하여 시험에 응시할 수 있으나 몇몇 자료구조와 API의 사용을 위해 C언어에 대한 설명은 생략하였다. 만약 C언어로 학습하길 희망하는 수험생은 본서에서 사용하는 자료구조들을 직접 구현하는 방법도 같이 학습하여야 한다. 교재 안에서 소개되는 C++의 자료구조나 API의 종류가 많지 않으므로 C언어에만 익숙한 수험생도 C++을 공부하여 C++로 시험에 응시하길 추천한다.

　이 책은 C++의 입출력함수로 cin/cout 대신 scanf/printf를 사용한다. 입력이나 출력해야 하는 데이터가 많아질수록 입/출력 속도에서 차이를 보이기 때문이다. JAVA에서도 입력 속도 개선을 위해 Bufferedreader/BufferedWriter를 사용할 수 있으나 입력 값을 직접 파싱해야 한다는 번거로움과 각 줄의 입/출력 데이터가 많을 때만 제한적으로 성능의 차이를 보이기 때문에 따로 언급하지는 않는다.

구 성

01 삼성 소프트웨어 역량테스트에 대한 이해

삼성 소프트웨어 검정 시험을 출제/검토/강의하였던 저자의 경험을 토대로 수험생들이 단기간에 삼성 소프트웨어 역량테스트를 준비하는 효율적인 방법을 정리하였다. '삼성소프트웨어 역량테스트에 대한 이해'를 통해 실제로 어떤 환경에서 시험이 진행되는지, 시험은 어떻게 준비해야 하는지를 생생하게 경험할 수 있을 것이다.

02 알고리즘 문제 해결 과정

알고리즘 문제를 해결하는 데 필요한 체계적인 방법에 대해 설명한다. 처음 알고리즘 문제를 접하는 수험생들이 실수하기 쉬운 부분들을 알아보고 학습 방법을 제시한다.

03 IDE 설치 및 사용방법

처음 코딩을 시작하는 수험생들을 위해 실제 시험장에서 사용할 IDE의 설치와 간단한 사용법, 디버깅 방법을 수록하였다. 이미 IDE에 익숙한 수험생이라면 생략해도 된다.

04 시간/공간복잡도와 자료구조

본격적으로 알고리즘을 학습하기 전에 알고리즘 문제를 풀 때 꼭 필요한 개념인 시간복잡도와 공간복잡도, 문제를 풀 때 사용하게 될 자료구조들을 학습해 본다.

05 유형별 알고리즘

다양한 알고리즘 중 실제 시험에서 다루는 핵심 알고리즘들을 배우고, 이를 응용하여 해결할 수 있는 문제들을 풀어본다. 알고리즘 학습 후 제시된 2~4개의 연습문제를 통해 배운 내용을 복습할 수 있게 하였다.

06 출제예상문제

그동안 배운 알고리즘들을 바탕으로 실제 시험에 출제될 수 있는 난이도의 문제들을 풀어본다. 실제 시험시간에 맞춰 풀어보기를 추천하며, 정답이 출력되더라도 제한시간과 메모리를 초과하지 않는지 꼼꼼하게 확인해보길 바란다.

CONTENTS

06 실전문제 ·· 195

PART 01

삼성 소프트웨어
역량테스트에 대한
이해

삼성 소프트웨어 역량테스트에 대한 이해

삼성 소프트웨어 역량테스트(SAQ)는 알고리즘 이론뿐만 아니라 실제 프로그램 개발 능력을 평가하는 실기시험이다. 2018년 상반기 기준, 시험에서 제공하는 C, C++, JAVA 세 가지 중 하나의 언어로 프로그램을 코딩하여 그 결과를 채점하는 시험이다.

1-1. 시험장에 들어가면

시험장에 입장하면 간단하게 시험 시 주의해야 할 사항에 대해 설명을 듣게 되고, 그 후 감독관이 알려준 웹페이지에서 시험 시작시간 정각에 모든 수험생들에게 동시에 문제가 공개된다. 시험시간은 웹페이지에 있는 시간 기준이며, 시험이 시작되면 수험생은 해당 문제를 읽고 문제 하단에 답안을 작성하여 제출하여야 한다.

시험장에는 2장의 연습장이 제공되며, 추가 연습장은 지급이 되지 않는다. 다만, 새로운 연습장이 필요한 경우 기존에 받은 연습장과 교환할 수 있다. 바로 코딩을 시작하기보다는 연습장을 활용하여 코딩할 내용들을 미리 정리하고 검토하는 습관을 가지는 것이 좋다.

또한, 시험장에는 사용자가 코딩하기 쉽도록 만든 편집기, IDE(Integrated Development Environment, 통합 개발 환경)가 준비되어있다. 언어별로는 C, C++을 위한 IDE로 Visual Studio를, JAVA를 위한 IDE로 Eclipse를 제공하고 있다. 주의할 점은 수험생의 컴퓨터에 있는 IDE에 작성된 코드로 채점하는 것이 아니라 문제가 주어진 웹페이지 하단의 코드 작성란에 있는 코드로 평가를 한다는 점이다. 또한 시험장에서 사용할 수 있는 프로그램은 메모장, 계산기, IDE뿐이며 엑셀(excel)같은 프로그램을 사용하면 부정행위로 간주되니 이 점에 유의하자.

시험이 시작되면 3시간 동안 2개의 문제가 주어진다. 개인차는 있을 수 있으나, 난이도는 일반적으로 1번 문제가 좀 더 쉽다는 것이 중론이다.

1-2. 점수를 더 잘 받으려면

일반적으로 문제 하단에 sample case가 주어지는데 sample case를 가지고 내가 작성한 코드가 올바른 결과를 출력하는지를 확인해 볼 수 있다. 하지만 sample case에 대해 정답을 출력한다고 해서 무조건 만점을 받는 것은 아니다. 실제 채점은 sample case가 아닌 숨겨진 채점용 evaluation case를 가지고 채점하기 때문이다. 채점용 evaluation case에는 sample case에는 없지만, 수험생들이 실수로 놓치기 쉬운 예외 케이스(corner case)들도 많이 존재한다. 따라서 sample case를 통과해야 하는 것은 물론, 시간이 된다면 sample case에는 없지만 evaluation case에 존재할 수 있는 예외 케이스를 직접 만들어 제한시간과 메모리 내에서 정답을 출력하는지를 살펴보는 것이 중요하다.

답안 작성란은 C/C++/JAVA 언어별로 작성할 수 있는 공간이 주어지고, 간단한 기본 템플릿이 주어진다. 이 템플릿을 IDE에 복사해서 코딩을 시작하는 것이 편리하다. 다만, 앞에서 말한 것처럼 컴퓨터에 설치된 IDE에서 코딩하는 것은 상관없으나, 최종 제출은 웹 페이지에서 해야 채점이 된다는 점을 명심하자.

만약 알고리즘 실기시험이 처음이라면 온라인 저지 사이트에서 제공하는 연습문제나 온라인 알고리즘 대회에 참가하여 문제가 어떤 방식으로 출제되는지 먼저 경험해보는 것이 좋다.

해외 저지 사이트로는 Topcoder(https://www.topcoder.com)나 Codeforces (http://www.codeforces.com)등이 있으며 국내 저지 사이트로는 삼성의 SW Expert Academy(https://www.swexpertacademy.com), 코드그라운드(https://www.codeground.org), 정올(http://www.jungol.co.kr), BOJ(http://www. acmicpc.net) 등이 있다.

온라인 알고리즘 대회로는 구글의 코드잼(https://code.google.com/codejam)과 앞서 언급한 Topcoder, Codeforces 등 여러 사이트에서 정기적으로 대회를 개최하고 있다. 대회의 난이도는 다양하지만, 연습문제와 다르게 주어진 시간 내에 누가 많은 문제를 푸는가를 경쟁하는 것이기 때문에, 실제 시험과 같은 긴장감을 느끼며 문제를 풀어볼 수 있다. 일반적으로 대회가 끝나면 출제자가 모범코드와 그에 다한 해설을 제공하고, 토론장에서 세계 각국의 참가자들이 해당 문제에 대한 열띤 토론을 펼친다. 토론과정에서 내가 생각하지 못한 다양한 아이디어를 얻을 수 있고, 이를 통해 알고리즘 문제풀이 실력이 크게 상승하는 계기가 될 수 있다.

Summary

- 삼성 소프트웨어 역량테스트 시험 시 제공되는 sample case를 가지고 정답을 출력하는 것을 1차 목표로 하되, 실제 채점은 채점용 evaluation case로 이뤄지므로 여러 예외 케이스에 대해서도 정답을 출력하는지 확인해야 한다.

- 시험 전 국내/해외 온라인 저지 사이트에서 문제를 풀어보길 권장한다. 다만, 삼성 소프트웨어 역량테스트의 난이도를 벗어나는 문제들이 많기 때문에 먼저 삼성에서 제공하는 SW Expert Academy(https://www.swexpertacademy.com)에서 연습하기를 추천한다.

PART 02

알고리즘 문제
해결 과정

알고리즘 문제 해결 과정

알고리즘이란 일반적으로 특정 문제를 해결하기 위한 여러 동작들의 단계나 방법의 모임이다. 우리가 이 교재를 통해 다루고자 하는 컴퓨터 과학에서의 알고리즘이란 수학적인 문제를 해결하기 위한 단계들을 완성하는 과정이라고 할 수 있다. 어떠한 문제를 해결하는 데에 있어 여러 방법이 존재하듯, 컴퓨터 과학에서 알고리즘은 원하는 결과를 도출해 내는 것은 물론, 최적의 방법을 찾는 데에 그 목적이 있다. 여기서 말하는 최적의 방법이란 다음에 배울 시간복잡도와 공간복잡도의 개념으로 처리시간과 메모리사용 측면에서 효율적임을 뜻한다. 삼성 소프트웨어 역량테스트에서는 문제를 푸는 데 필요한 시험시간 뿐만 아니라 알고리즘이 수행하는데 걸리는 시간과 사용하는 메모리의 제한범위가 주어진다.

따라서 아래와 같이 4단계로 구분하여 문제를 푸는 것을 추천한다.

1. 문제를 읽고 완벽하게 이해한다.

문제를 읽고 완벽하게 이해한다는 말은 단순히 주어진 문제를 이해하는 것뿐만 아니라 제시된 제한조건까지 숙지하고 이를 문제풀이에 적용해야 한다는 뜻이다.

문제의 내용이 아래 같은 경우를 살펴보자.

> 각 테스트케이스에 대하여 #x (x는 테스트케이스 번호를 의미)를 출력하고 공백을 하나 둔 다음 생산된 제품의 개수를 출력한다. 출력 값은 2^{31}을 넘을 수 있음에 유의하라.

문제에서 생산된 제품의 개수를 출력하라고 했기 때문에 결과 값은 0 이상의 정수로 출력해야 함을 알 수 있다. C++이나 Java에는 정수를 표현할 수 있는 자료형이 크게 두 가지가 존재한다.

하나는 32비트 자료형인 int로 int가 나타낼 수 있는 숫자의 범위는 -2^{31}부터 $2^{31} - 1$까지($-2,147,483,648 \sim 2,147,483,647$)이고, 다른 하나는 64비트 자료형인 long으로(C++에서는 long long) 나타낼 수 있는 숫자의 범위는 -2^{63}부터 $2^{63} - 1$까지

(-9,223,374,036,854,775,808 ~ 9,223,372,036,854,775,807)이다.

문제에서 출력 값이 2^{31}이 넘는 경우 출력하는 자료형을 32비트 자료형인 int로 했다면 우리가 원하는 정상적인 결과를 얻지 못하게 된다.

아래 코드를 출력해 보면 확인해 볼 수 있다.

C++

```
1  #include <stdio.h>
2
3  int main(){
4      // 1<<32은 2^32을 뜻함
5      int int_Answer = 1<<32;
6      long long long_Answer = (long long) 1<<32;
7
8      // 2^32 = 4294967296이 출력돼야 하지만 0이 출력됨
9      printf("int_Answer : %d\n", int_Answer);
10
11     // 2^32 = 42949627296이 정상적으로 출력됨
12     printf("long_Answer : %lld", long_Answer);
13 }
```

JAVA

```
1  public class Solution {
2
3      public static void main(String[] args) {
4          // 1<<32은 2^32을 뜻함
5          int int_Answer = 1<<32;
6          long long_Answer = (long)1<<32;
7
8          // 2^32 = 4294967296이 출력돼야 하지만 1이 출력됨
9          System.out.println(int_Answer);
10
11         // 2^32 = 42949627296이 정상적으로 출력됨
12         System.out.println(long_Answer);
13     }
14 }
```

이처럼 문제에서 제한사항으로 주어진 내용을 꼼꼼히 읽어야 위와 같은 실수를 방지할 수 있다.

2. 문제를 어떻게 해결할지 계획을 세운다.

많은 학생들이 시험시간에 쫓긴 나머지 문제를 읽고 바로 코딩을 시작하는 경우가 많다. 처음부터 주어진 문제의 제한조건을 벗어나지 않는 적절한 해결방법을 떠올릴 수 있다면 괜찮겠지만, 문제 풀이를 한참 진행하고 나서야 현재 접근법에서 오류를 발견한다면 매우 곤란해질 것이다.

문제의 내용이 아래와 같은 경우를 살펴보자.

> 효연이는 슈퍼마켓을 운영하고 있고, 이 슈퍼마켓에는 100원, 700원, 1,000원짜리의 동전만 갖고 있다. 효연이는 거스름돈에 사용되는 동전의 개수를 최소화하고 싶다. 거스름돈 금액이 N원일 때, 효연이가 손님에게 줘야 할 최소한의 동전 개수를 구하는 프로그램을 작성하시오. (단, 효연이의 슈퍼마켓에서 보유하고 있는 각 동전의 개수는 충분히 많다고 가정한다.)

유명한 알고리즘 문제 중 하나인 거스름돈 문제로, 이 문제를 처음 다뤄보는 학생들은 "최소한의 동전 개수"를 구하기 위해 가장 액면가가 큰 동전부터 주는 것이 문제풀이 방법이라고 생각하기 쉽다.

다시 말해, 거스름돈이 2000원인 경우 1,000원짜리 2개로, 거스름돈이 2,900원인 경우 1,000원짜리 2개, 700원짜리 1개, 100원짜리 2개로 주는 방법이다.

위 방법대로 문제를 해결하면 1,400원이나 2,400원 같은 경우

$1400 = 1000 * 1 + 100 * 4$: 총 5개

$2400 = 1000 * 2 + 100 * 4$: 총 6개 가 된다.

하지만,

$1400 = 700 * 2$: 총 2개

$2400 = 1000 * 1 + 700 * 2$: 총 3개로, 위의 방법이 잘못되었음을 알 수 있다.

이 경우처럼 예외 케이스(corner case)에 대한 충분한 검토 없이 문제풀이를 시작하여 시험 시간의 대부분을 낭비했다면 시험을 통과하기는 힘들 것이다. 시험장에서도 연습장을 사용할 수 있기 때문에, 평소 연습장에 코딩할 내용을 미리 적어보고 검토하는 연습을 해보길 권장한다.

3. 작성하려는 알고리즘이 주어진 제한조건에 부합하는지 검토한다.

앞서 말한 것처럼 삼성 소프트웨어 역량테스트(SAQ)는 알고리즘이 수행하는 데 걸리는 시간과 사용하는 메모리의 제한범위가 주어진다. 이는 문제에서 원하는 정답을 구하는 것은 물론, 일정 수준 이상의 최적화된 알고리즘을 구현할 수 있는지를 묻는 것이다. 따라서 우리가 생각한 알고리즘이 정답을 출력하더라도 문제에서 주어진 제한조건을 벗어난다면 시험에서는 오답으로 처리된다. 따라서 알고리즘이 주어진 제한조건에 부합하는지를 미리 판단해 불필요한 시간 낭비를 줄여야 한다. 이를 판단할 수 있는 몇 가지 방법이 있다.

보통 컴퓨터는 1초에 1억 번의 기본 연산을 한다고 가정하고 문제에 접근하는 것이 일반적이다. 또한, 자료형마다 일정한 메모리공간을 차지한다. 만약 문제에서 주어진 제한조건이 "수행시간:2초 / 메모리 제한:256MB"라면 내가 생각한 알고리즘의 연산 횟수가 최대 입력 값에 대해 최대 연산횟수가 2억 번을 넘지 않는지, 내가 선언한 변수들이 사용할 메모리 공간이 256MB를 넘지 않는지를 미리 계산하여 시험시간을 효율적으로 사용해야 한다.

4. 계획한 내용을 컴퓨터 언어로 구현한다.

앞서 말한 세 단계를 통해 문제에 적합한 최적의 풀잇법을 생각해냈다 하더라도 이를 프로그래밍 언어로 구현하는 것 역시 쉽지 않은 문제이다. 실제로 프로그래밍 언어를 다뤄보지 않은 많은 학생들이 제일 어려워하고 고민하는 부분이기도 하다.

아래 예제를 살펴보자.

[문제]

좌표평면에 (x_1, y_1), (x_2, y_2)을 끝점으로 하는 선분 A와 (x_3, y_3), (x_4, y_4)를 끝점으로 하는 선분 B가 주어질 때 두 선분이 만나면 1, 만나지 않으면 0을 출력하는 프로그램을 작성하시오. 입력으로는 두 선분의 끝점을 나타내는 $x_1, y_1, x_2, y_2, x_3, y_3, x_4, y_4$가 차례대로 주어진다. (단, $x_1, y_1, x_2, y_2, x_3, y_3, x_4, y_4$는 모두 -1,000보다 크거나 같고, 1,000보다 작거나 같은 정수이다.)

좌표평면에 두 개의 선분을 그리고 두 선분이 만나는지를 육안으로 판단하는 것은 굉장히 간단한 일이지만 실제로 위 문제의 답안을 컴퓨터 언어로 작성해보면 쉽지 않음을 금방 알 수 있다.

우리가 생각한 내용을 컴퓨터 언어로 구현하는 것은 컴퓨터 언어에 능숙한 사람들에게도 쉽지 않은 문제이다. 수많은 반복과 연습, 그리고 오류가 발생하였을 시 이를 해결하는 디버깅 훈련을 통해 구현능력을 키워야 한다.

Summary

- 문제를 꼼꼼히 읽는 것이 중요하다. 수험생들 중 문제를 급하게 읽는 바람에 문제를 잘못 이해하여 엉뚱한 방향으로 접근하여 시험을 망치는 사례가 많으니 주의하자.

- 알고리즘 문제를 해결할 때, 연습장에 자신만의 계획을 그려보는 훈련을 꼭 해야 한다. 시험시간의 많은 부분을 알고리즘 설계에 투자하더라도 올바른 방향으로의 알고리즘을 설계할 수 있다면 훨씬 효율적으로 문제를 풀 수 있다.

- 제한조건을 놓치지 말아야 한다. 막막해 보이는 문제여도 제한조건에 힌트가 있는 경우도 있고, 반대로 쉬워 보이지만 제한조건에 함정이 있는 경우도 더러 존재한다. 특히 제한조건을 무시하더라도 sample case에서는 정답이 출력되지만, 실제 채점용 케이스인 evaluation case에서는 오답을 출력하는 경우가 있으므로 각별히 신경 써야 한다.

- 본인이 생각한 내용을 컴퓨터 언어로 구현한다는 것은 쉽지 않은 일이다. 특히 처음 코딩을 접하는 수험생들에게는 오로지 연습만이 구현능력을 키우는 방법이다. 매번 반복되는 오류에 지칠 수도 있지만, 오류를 디버깅하는 연습 또한 실제 시험에서 큰 도움이 될 것이다.

PART 03

IDE 설치 및 사용방법

03 IDE(Visual Studio / Eclipse) 설치 및 사용방법

먼저 시험장에서 사용하게 될 IDE인 Visual Studio와 Eclipse를 미리 설치하고, 사용법에 익숙해져야 한다. 모두 설치할 필요는 없으며 자신이 선택할 언어가 C/C++인 경우는 Visual Studio를, JAVA인 경우 Eclipse를 설치하면 된다.

1. Visual Studio

Visual Studio 다운로드 페이지(https://www.visualstudio.com/ko/downloads)에 접속하면 아래 [그림 1]과 같은 화면을 볼 수 있다.

[그림 1] – Visual Studio 다운로드 페이지

[그림 1]의 다운로드 페이지에서 Visual Studio Community 2017 "무료 다운로드" 버튼을 클릭하면 자동으로 Visual Studio Installer를 다운로드 받을 수 있다.

해당 파일을 실행시켜 Visual Studio를 설치할 때 다음 [그림 2]와 같이 "C++을 사용한 데스크톱 개발" 항목을 체크하여 설치를 진행하도록 한다.

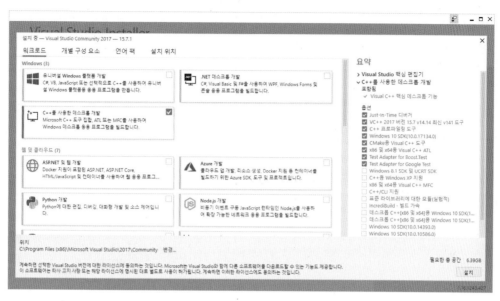

[그림 2] – Visual Studio Installer

설치가 정상적으로 완료되면 Visual Studio 2017을 실행시킨 후 좌측 상단의 메뉴 바에 있는 "파일 – 새로 만들기 – 프로젝트"를 클릭하거나 단축키 〈CTRL+ SHIFT+N〉을 이용하여 새 프로젝트를 생성한다.

이때, 다음 [그림 3]처럼 "설치됨 – Visual C++ – Windows 데스크톱"에 있는 "Windows 데스크톱 마법사"로 새로운 프로젝트를 생성한다.

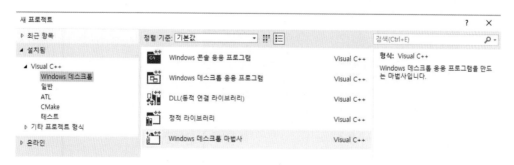

[그림 3] – Windows 데스크톱 마법사 생성

다음으로 [그림 4]의 Windows 데스크톱 프로젝트를 설정하는 창에서 "빈 프로젝트" 항목을 체크하고 프로젝트를 생성한다.

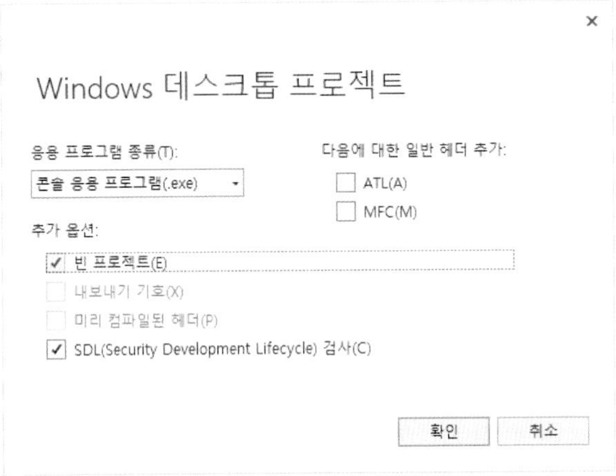

[그림 4] – 데스크톱 프로젝트 설정

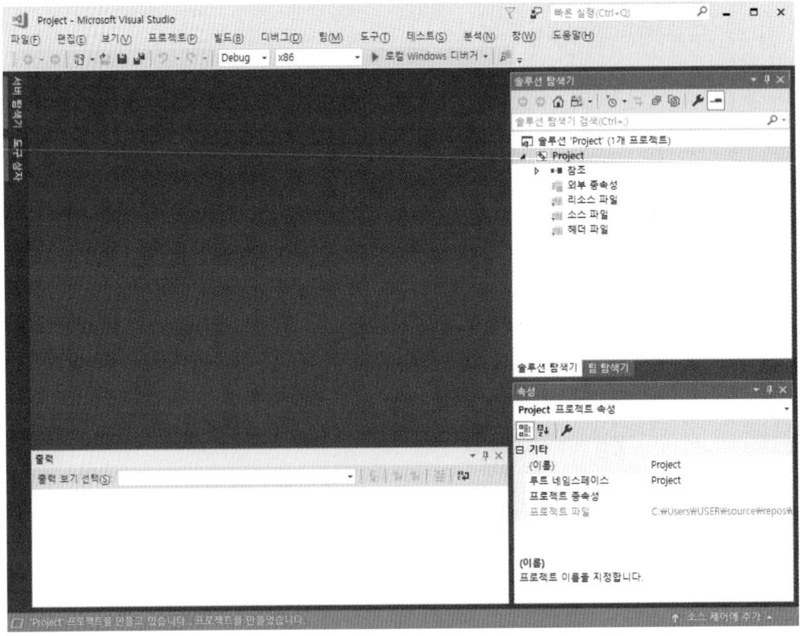

[그림 5] – 프로젝트 생성 후 모습

마지막으로 우측 솔루션 탐색기의 "'Project명'에 마우스 우클릭 – 추가 – 새항목" 또는 〈CTRL+SHIFT+A〉로 새 항목 추가 페이지로 이동하여 새로운 "C++파일"을 생성한다.

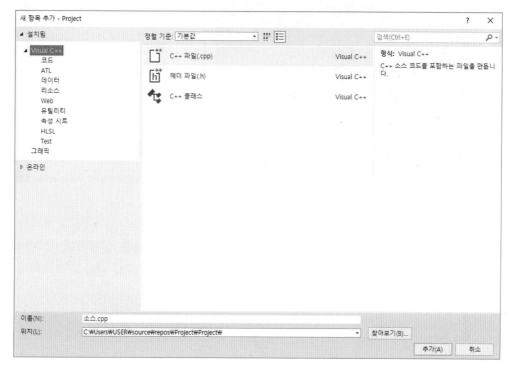

[그림 6] – 새 항목 추가 페이지

생성된 C++파일에 코딩 후 상단 메뉴의 "디버그 – 디버그하지 않고 시작" 또는 단축키 〈Ctrl+F5〉를 실행하면 작성한 코드의 수행 결과를 살펴볼 수 있다.

Visual Studio에서는 디버깅 시 사용할 수 있는 디버거를 제공하고 있다. 아래 그림처럼 코드 좌측에 마우스를 클릭하거나 Breaking Point를 지정하고 싶은 곳에서 〈F9〉를 누르면 Breaking Point를 지정할 수 있다.

[그림 7] - Breaking Point 지정

그 후 상단 메뉴의 "디버그 - 디버깅 시작" 또는 단축키 〈F5〉를 실행하면 첫 번째 Breaking Point 이전 까지만 수행된 상태로 디버깅 모드에 진입하게 된다.

[그림 8] - Debugging Mode

디버깅 모드에 진입하면 [그림 8]처럼 다음 수행할 라인이 노란색 화살표로 표시되어 있다. 위 코드에서는 "Var = 1" 이전까지만 수행이 되었기 때문에 콘솔 창에 "Hello C++"은 출력되었으나, Var의 값은 아직 0임을 확인할 수 있다.

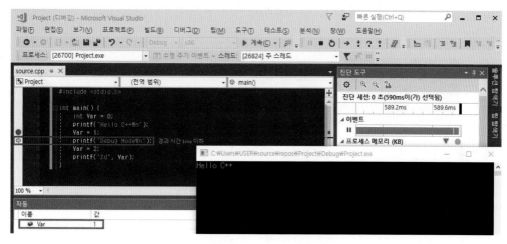

[그림 9] – 한 스텝 진행 결과

상단 메뉴의 "디버그 – 프로시저 단위 실행" 또는 단축키 〈F10〉을 수행하면 [그림 9]처럼 노란색 화살표가 한 칸 아래로 옮겨가고, 변수 Var의 값은 1로 바뀜을 확인할 수 있다.

만약 오류가 발생했을 경우 이렇게 디버거를 통해 한 라인씩 수행하며 오류를 빠르게 잡아낼 수 있다. 디버깅 모드에서 빠져나오려면 상단 메뉴 "디버그 – 디버깅 중지" 또는 〈Shift + F5〉를 통해 빠져나올 수 있다.

Visual Studio에서 제공하는 디버거에는 다양한 기능이 있으나 한 스텝씩 수행하는 단축키 〈F10〉, 다음 Breaking point까지 수행하는 〈F5〉, 사용자가 원하는 변수를 보고 싶을 때 사용하는 조사식 창(디버그 – 창 – 조사식)정도는 반드시 알고 사용하여야 한다.

2. Eclipse

Eclipse를 사용하기 위해선 JDK(Java Development Kit)를 먼저 설치해야 한다.

JDK 다운로드 페이지(http://www.oracle.com/technetwork/java/javase/downloads/index.html)에 접속하면 아래 [그림 10]과 같은 화면을 볼 수 있다.

[그림 10] - JDK 다운로드 페이지

다운로드 페이지에서 [그림 10]에 보이는 빨간 박스를 클릭하면 [그림 11과] 같은 화면을 볼 수 있다.

[그림 11] – JDK 다운로드 페이지

[그림 11]에서 보이는 빨간 박스의 "Accept License Agreement"를 클릭한 후 설치되어있는 OS(Linux, Mac, Solaris, Windows)에 맞는 설치파일을 다운로드한다.

JDK설치 후 Eclipse 다운로드 페이지(http://www.eclipse.org/downloads)에 접속하면 아래 [그림 12]와 같은 화면을 볼 수 있다.

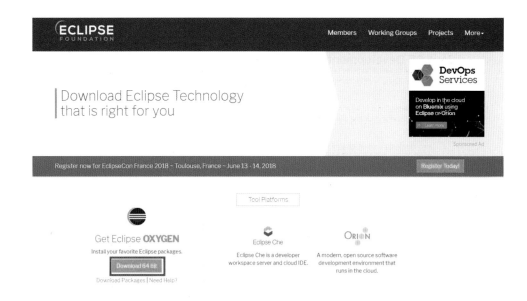

[그림 12] - Eclipse 다운로드 페이지

[그림 12]에서 보이는 좌측 아래의 빨간 박스의 Download 버튼을 클릭하면 아래 [그림 13]과 같은 페이지로 이동하게 된다.

[그림 13] - Eclipse 다운로드 페이지

[그림 13]에서 보이는 빨간 박스의 Download 버튼을 클릭하면 자동으로 Eclipse 설치파일을 다운로드 하게 된다. 설치파일을 실행시키면 아래와 같은 eclipse installer를 볼 수 있는데 이 중 제일 상단에 위치한 "Eclipse IDE for Java Developers"를 설치한다.

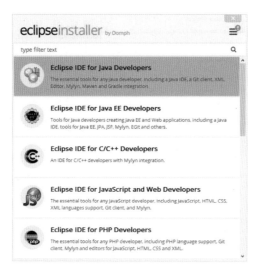

[그림 14] – Eclipse installer

설치가 완료되어 Eclipse를 실행하면 아래와 같은 화면을 볼 수 있다.

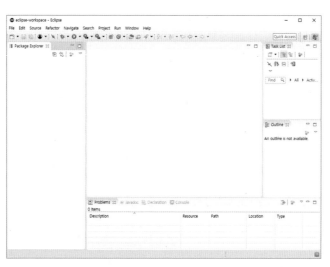

[그림 15] – Eclipse 초기화면

좌측상단의 "File메뉴 - New - Java Project"를 클릭하거나 단축키 〈Alt+Shift+N〉을 통해 아래처럼 연습용 프로젝트를 만든다.

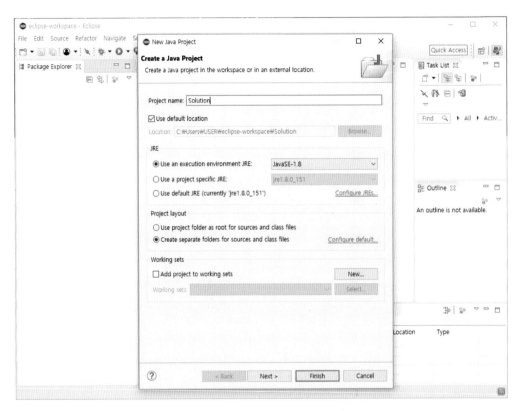

[그림 16] – Java Project 생성

프로젝트를 생성한 후 아래 그림처럼 좌측 Package Explorer에서 생성된 프로젝트를 열고 "src에 마우스 우클릭 - New - Class"를 클릭한다.

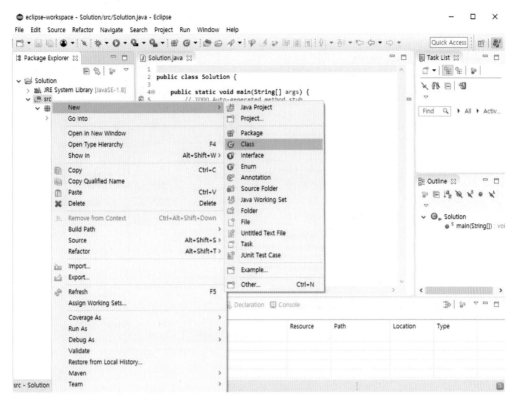

[그림 17] – Class 생성

Class 생성 시 아래 그림처럼 'public static void main(String[] args)'를 체크하면 기본적인 main이 자동생성 되므로 이를 활용하면 조금 더 편하게 코딩을 시작할 수 있다.

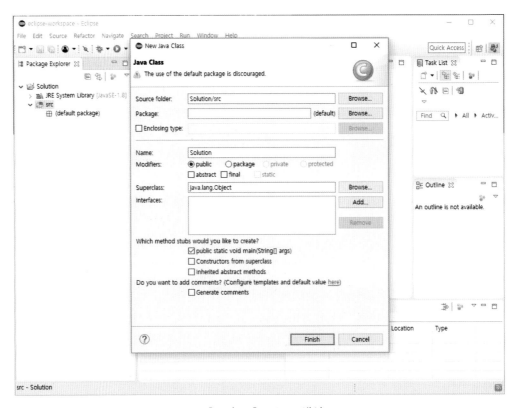

[그림 18] – Class 생성

단, 연습용 Class명은 임의의 값으로 만들어도 상관은 없으나 시험장에서는 꼭 템플릿에 제시된 Class명을 사용해서 제출해야 오류 없이 정상적으로 제출할 수 있음에 유의한다.

생성된 java파일에 코딩 후 Run(《Ctrl+F11》)을 실행하면 작성한 코드가 수행된다. 알고리즘 문제는 주어진 입력에 대해 정답을 출력하는 문제이므로 우리가 출력한 결과를 보고 싶으면 아래쪽에 Console 창을 통해 확인할 수 있다. 만약 Console창이 없다면 상단 메뉴의 "Windows – Show View – Console"을 클릭하여 Console 창을 생성해 준다.

또한 Eclipse에서는 편리한 여러 단축키들을 제공하고 있어 미리 숙지해두면 실제 시험장에서도 코딩시간을 단축할 수 있다. 그중에서도 가장 많이 사용하는 자동완성(《Ctrl+Space》)과 자동 줄맞춤(《Ctrl+Shift+F》)단축키 정도는 알아두면 편리하다.

예를 들어 main내에 sysout을 입력하고 자동완성(Ctrl+Space)을 실행하면 자동으로 출력 구문인 System.out.println();이 완성된다. 괄호 안에 "Hello JAVA"을 입력하고 Run(Ctrl+F11)하면 아래 그림처럼 해당 내용이 console창에서 출력됨을 볼 수 있다.

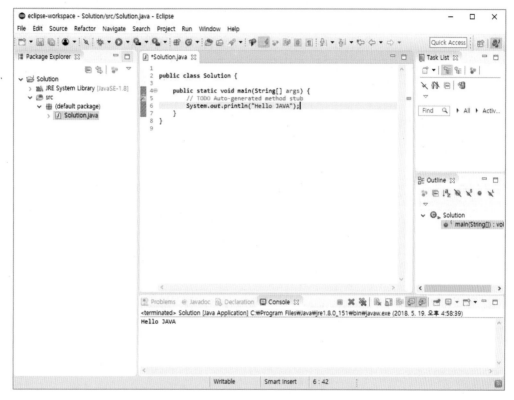

[그림 19] – Console 출력

Eclipse에서는 디버깅 시 사용할 수 있는 디버거를 제공하고 있다. 줄 번호 좌측 부분을 더블클릭을 하면 Breaking Point를 설정할 수 있는데 Breaking point가 지정되면 디버깅 모드로 수행 시 해당 지점부터 한 줄씩 수행하면서 변수의 상태나 변화를 파악할 수 있다. 보통 디버깅 모드는 프로그래밍 시 오류의 원인을 정확하고 빠르게 파악하기 위해 사용된다.

```
  2  public class Solution {
  3
  4      public static void main(String[] args) {
  5          // TODO Auto-generated method stub
  6          int Var = 0;
  7          System.out.println("Hello JAVA");
  8          Var = 1;
  9          System.out.println("Debug Mode");
 10          Var = 2;
 11          System.out.println(Var);
 12      }
 13  }
 14
```

[그림 20] – Breaking Point 지정

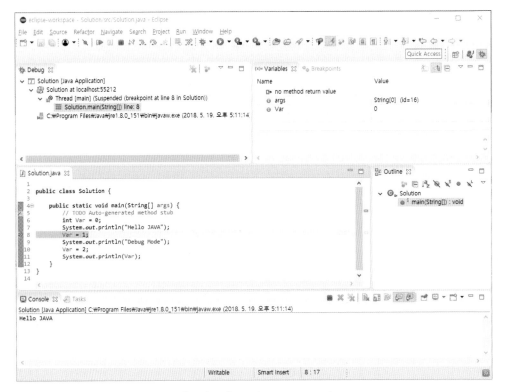

[그림 21] – Debugging Mode

　　[그림 21]을 보면, 현재 Breaking Point가 있는 8번째 라인 이전까지만 수행했기 때문에 Console에는 7라인의 "Hello JAVA"까지만 출력되었고, 우측 위의 Variables를 보면 Var의 값이 아직 6라인에서 선언한 0의 값임을 알 수 있다. Step Over 단축키인 F6를 누르면 현재 라인인 8라인이 수행되어 아래 그림처럼 Var변수의 값이 1로 바뀜을 확인할 수 있다.

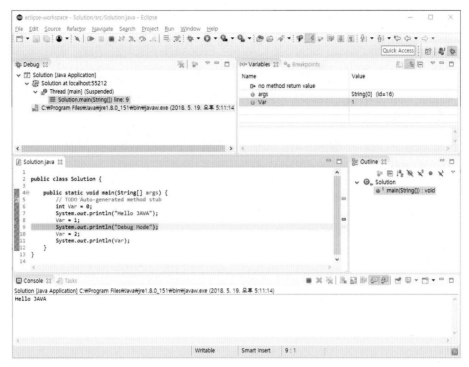

[그림 22] – 한 스텝 진행 결과

만약 오류가 발생했을 경우 이렇게 디버거를 통해 한 라인씩 수행하며 오류를 빠르게 잡아낼 수 있다. 디버깅 모드에서 빠져나오려면 아래 그림처럼 오른쪽 상단에 있는 Java아이콘을 클릭하면 된다.

[그림 23] – Java아이콘

Eclipse에서 제공하는 디버거에는 다양한 기능이 있으나 한 스텝씩 수행하는 단축키 〈F6〉, 다음 Breaking point까지 수행하는 〈F8〉, 사용자가 원하는 변수를 확인하고 싶을 때 사용하는 Expression(Window - Show View - Expression) 정도는 반드시 알고 사용하여야 한다.

Summary

- C/C++은 IDE로 Visual Studio를, JAVA는 Eclipse를 사용하는 연습을 통해 되도록 이면 시험장과 동일한 IDE를 사용하는 훈련을 하도록 한다.

- Visual Studio와 Eclipse에서 사용할 수 있는 중요 단축키들을 미리 숙지하여 효율적인 코딩을 하도록 한다.

- IDE 사용 시 오류가 발생했다면, 오류 메시지를 확인해보자. 복잡해 보일 수 있지만, 자세히 살펴보면 몇 번째 라인에서 무슨 이유로 오류가 발생했는지 설명되어있다.

- 나만의 디버깅 방법을 꼭 훈련하고 간다. 앞서 설명한 IDE에서 제공하는 디버깅 툴을 이용하거나, 디버깅 툴 없이 중간에 변수를 출력하는 방법을 사용하여도 상관은 없다. 중요한 건 어떤 방법으로든 평소에 자신만의 익숙한 디버깅 훈련이 되어있어야만 시험시간을 단축시킬 수 있다는 것을 명심하자.

PART 04

시간/공간복잡도와 자료구조

4-1. 시간복잡도와 공간복잡도

삼성 소프트웨어 역량테스트에서는 평가기준을 'TestCase 전체 Pass여부'와 '실행속도'로 명시해 놓았다. 많은 수험생들이 TestCase 통과에 집중한 나머지 문제에 주어진 sample case에 대해서만 정답을 출력하는지를 확인하고 제출하는 경우가 많다. 하지만 서두에 말했던 것처럼 실제 채점에 사용되는 evaluation case는 수험생들이 놓치기 쉬운 예외 케이스들을 많이 포함하고 있고, 무엇보다 수험생들이 직접 확인할 수 없는 case이기 때문에 내가 작성한 코드가 최악의 케이스에서 수행시간이 얼마나 걸리는지, 메모리사용량은 얼마나 되는지를 미리 짐작하여 제한조건에 벗어나지 않는 코딩을 해야 한다.

알고리즘의 시간복잡도(Time Complexity)는 일반적으로 알고리즘에 의해서 수행되는 기본연산의 횟수를 나타낸다. 컴퓨터는 1초에 1억 번의 기본 연산을 한다고 가정하고 문제에 접근하는 것이 일반적이므로, 만약 우리가 작성한 알고리즘이 1억 번의 연산을 수행한다면 수행시간은 1초, 10억 번의 연산을 수행한다면 10초의 시간이 걸릴 것으로 예측할 수 있다.

아래 예제를 살펴보자.

```
1  for(int i = 0; i < N; i++){
2      Answer = Answer + 1; // 연산 ①
3  }
```

[예제 1]

[예제1]은 변수 N의 값에 따라 연산횟수가 달라진다. 만약 N이 1이면 반복문을 한번 수행하고, N이 100이면 100번 수행하게 된다. 따라서 연산횟수를 나타내는 함수를 $T(N)$이라고 정의하면 $T(N) = N$으로 나타낼 수 있다.

다음 두 개의 코드의 $T(N)$을 구해보자.

```
1  for(int i = 0; i < N; i++){ // 첫 번째 반복문
2      for (int j = 0; j < N; j++){ // 두 번째 반복문
3          Answer = Answer + 1; // 연산 ①
4      }
5      Answer = Answer + 1; // 연산 ②
6  }
```

[예제 2]

[예제 2]의 "연산 ①"은 각 i에 마다 N번의 연산을 수행한다. 다시 말해, i가 1일 때 N번, i가 2일 때도 N번, … i가 N일 때까지 "연산 ①"을 매번 N번씩 수행한다. 따라서 1번 연산은 총 $N \times N$번 수행됨을 알 수 있다. "연산 ②"는 두 번째 반복문과 상관없이 각 i당 한 번씩 연산을 수행하므로 총 N번 수행한다. 결국 [예제 2]의 $T(N) = N^2 + N$ 이 된다. 실제로 변수 Answer의 초깃값을 0으로 주고 위 코드를 수행하면 최종 Answer값이 $N^2 + N$임을 확인할 수 있다.

```
1  for(int i = 0; i < N; i++){ // 첫 번째 반복문
2      for (int j = 0; j < N; j++){ // 두 번째 반복문
3          for(int k = 0; k < N; k++){ //세 번째 반복문
4              Answer = Answer + 15;
5          }
6      }
7      Answer = Answer - 10;
8  }
9  for(int i = 0; i < 4N; i++){ // 네 번째 반복문
10     Answer = Answer + 3
11 }
```

[예제 3]

[예제 3]은 [예제 2]와 마찬가지로 첫 번째, 두 번째, 세 번째 반복문을 통해 $N^3 + N$ 번의 연산을 하고, 네 번째 반복문을 통해 $4N$번의 연산을 하게 된다. 따라서 총 연산회 수는 $N^3 + 5N$이 된다.

일반적으로 시간복잡도를 나타낼 때는 최고차항의 계수만 표기하는 방법을 사용한다. N이 커질수록 차수가 높은 항들의 연산횟수가 낮은 항들에 비해 현저히 많기 때문

이다. 다시 말해, 위 [예제 3]처럼 연산횟수 $T(N) = N^3 + 5N$인 경우, 아래 표처럼 N이 커질 때마다 최고차항인 N^3과 나머지 항인 $5N$의 차이가 기하급수적으로 커짐을 알 수 있다.

N	N^3	$5N$	$N^3 - 5N$
1	1	5	-4
2	8	10	-2
3	27	15	12
5	125	25	100
...			
100	1,000,000	500	999,500
10,000	1,000,000,000,000	50,000	999,999,950,000

[표 1] - N^3과 $5N$의 차이

즉, N이 커질수록 차수가 낮은 항들은 최고차항에 비해 연산횟수가 상대적으로 매우 적어지므로 가장 빠르게 증가하는 최고차항의 차수만을 고려한다.

시간복잡도를 나타내는 표기방법은 크게 세 가지, 빅-오(Big-O), 빅-오메가(Big-Ω), 세타(θ)가 있다. 빅-오 표기법은 상한 점근 표기법이라고도 하며 최악의 경우를 가정하고 계산하는 표기법이고, 빅-오메가 표기법은 빅-오와 반대로 하한 점근 표기법으로 최선의 경우를 가정하고 계산하는 표기법이다. 마지막으로 세타 표기법은 빅-오와 빅-오메가의 중간인 평균 점근 표기법이다. 이 중, 일반적으로 빅-오 표기법을 가장 많이 사용하는데, 그 이유는 아래 예제를 보고 살펴보도록 하자.

```
1  for(int i = 0; i < N; i++){
2      if(is_break == i){
3          break;
4      }
5      Answer = Answer + 1; // 기본연산
6  }
```

[예제 4]

　　[예제 4]의 코드는 is_break변수의 값에 따라 기본연산의 횟수가 결정된다. 만약 is_break변수가 0이라면 기본연산은 0번 수행될 것이고, 최악의 경우 is_break의 값이 N이상의 정수인 경우 최대 N번의 연산을 수행하게 될 것이다. 위 코드의 시간복잡도를 빅-오 표기법으로 나타내면 최악의 경우인 N번의 연산을 한다는 것을 가정하므로 $O(N) = N$으로 나타낼 수 있다. 우리는 실제 시험에서 사용될 evaluation case를 알 수 없기 때문에 항상 최악의 경우에도 시험을 통과 가능한 코드를 구현하는 것이 현명한 방법이다. 즉, 최악의 경우를 가정하고 시간복잡도를 계산하여도 제한시간 내에 통과 가능한 알고리즘을 구현해야 하므로 앞으로도 빅-오 표기법을 통한 시간복잡도를 계산하도록 할 것이다.

　　시간복잡도(Time Complexity)가 알고리즘 수행 시 수행시간에 해당하는 내용이라면 메모리 사용량에 해당하는 것이 공간복잡도(Space Complexity)이다. 특별히 공간복잡도에 대한 깊은 이해를 요하는 문제가 아니라면 삼성 소프트웨어 역량테스트에서는 일반적으로 힙, 정적 메모리의 합이 256MB, 스택 1MB 이내의 제한조건을 두고 있다. 시험을 대비하면서 메모리 구조에 대해 많은 시간을 투자하여 공부하기보다는 우리가 자주 사용하는 자료형인 int가 4byte, C++에서의 long long이나 JAVA에서의 long은 8byte를 가진다는 점을 염두에 두고 프로그래밍을 하는 정도면 충분하다. 또한 지역변수, 특히 main 함수 안에 큰 사이즈의 배열을 생성하면 스택용량을 초과하는 stackoverflow에러가 발생하게 된다. 따라서 알고리즘 문제를 풀 때는 가급적이면 변수들은 전역 변수로 선언하고, 매 테스트케이스마다 초기화하여 사용하는 습관을 들이도록 하자.

Summary

- 본인이 생각한 알고리즘을 코딩하기 전에 스스로 시간복잡도와 공간복잡도를 계산하여 주어진 제한시간/메모리에 부합하는지를 살펴보는 습관을 들이자.

- 메모리 제한범위에 따라 우리가 자주 사용하는 int형 배열은 어느 정도 크기까지 사용할 수 있는지를 미리 계산해 보도록 하자.

- 특히 다차원 배열의 크기를 크게 잡아 메모리 초과가 발생하는 경우가 많다. 이럴 경우에는 배열의 차수를 줄이거나 배열이 아닌 다른 방법으로 문제를 해결해야 한다.

- 큰 사이즈의 배열은 지역변수가 아닌 전역변수로 선언해 매 테스트케이스마다 초기화하는 방법을 사용하자. Stackoverflow 에러는 지역변수로 큰 사이즈의 변수를 선언했거나 재귀함수의 무한반복으로 인해 발생하는 경우가 많다.

- 채점용 케이스에는 샘플 케이스와 다르게 문제에서 주어진 최대 크기의 케이스들이 반드시 포함되어 있다. 따라서 배열을 이용해서 문제를 풀어야 한다면 배열을 선언할 때, 동적으로 선언하지 말고 문제에서 주어진 최대 크기의 배열을 생성하여 메모리 제한에 위배되지 않는지 테스트해보는 것도 좋은 방법이다.

4-2. 자료구조

자료구조란 프로그래밍에서 데이터를 효율적으로 이용할 수 있도록 컴퓨터에 저장하는 방법이다. 다양한 자료구조 중 우리가 많이 사용하게 될 배열, 리스트, 스택, 큐에 대해 알아보도록 하자.

- 배열(Array)

배열이란 번호(index)와 그 번호에 대응하는 데이터들로 이루어진 자료구조를 말한다.

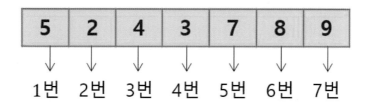

[그림 1] - 1차원 배열

[그림 1]과 같은 배열에서 세 번째 값을 호출하면 바로 데이터의 값이 4임을 알 수 있다. 즉, 상수시간(O(1))만에 해당 데이터를 호출할 수 있다는 장점이 있다. 하지만 인덱스의 값이 고정되어 있기 때문에 불필요한 공간을 생성할 수 있다는 단점도 가지고 있다. 배열을 선언하는 방법에는 여러 가지가 있으나, 알고리즘 문제를 풀때는 다음과 같이 직접 배열번호(index)에 값을 입력하고 호출하는 방식을 주로 사용한다.

C++

```
1  #include <stdio.h>
2
3  int arr[7];
4  int main(){
5      arr[0] = 5;
6      arr[1] = 2;
7      arr[2] = 4;
8      arr[3] = 3;
9      arr[4] = 7;
```

```
10      arr[5] = 8;
11      arr[6] = 9;
12      printf("arr[2] = %d", arr[2]);
13  }
```

JAVA

```java
 1  public class Solution {
 2
 3      static int arr[];
 4      public static void main(String[] args) {
 5          arr = new int[7];
 6          arr[0] = 5;
 7          arr[1] = 2;
 8          arr[2] = 4;
 9          arr[3] = 3;
10          arr[4] = 7;
11          arr[5] = 8;
12          arr[6] = 9;
13          System.out.println("arr[2] = " + arr[2]);
14      }
15  }
```

배열은 이처럼 선형의 1차원 배열뿐 아니라 고차원의 배열을 사용할 수도 있는데 주로 수학에서 사용하는 행렬(Matrix)에 대응하여 사용하는 경우가 많다. 특히 2차원 배열은 우리가 자주 사용하는 $N \times M$ 행렬과 대응되어 자주 사용하기 때문에 익숙해지는 것이 중요하다.

6	-3
-1	0
1	-8

[그림 2] - 3×2배열

[그림 2]는 3×2배열을 도식화한 모습이다. 1차원 배열과 마찬가지로 붉은색의 2행 2열의 해당하는 데이터를 아래 코드와 같이 호출할 수 있다.

C++

```
 1 #include <stdio.h>
 2
 3 int arr[3][2];
 4 int main() {
 5     arr[0][0] = 6;     // 1행 1열
 6     arr[0][1] = -3;    // 1행 2열
 7     arr[1][0] = -1;    // 2행 1열
 8     arr[1][1] = 0;     // 2행 2열
 9     arr[2][0] = 1;     // 3행 1열
10     arr[2][1] = -8;    // 3행 2열
11     printf("arr[1][1] : %d", arr[1][1]);
12 }
```

JAVA

```
 1 public class Solution {
 2     static int arr[][];
 3     public static void main(String[] args) {
 4         arr = new int[3][2];
 5         arr[0][0] = 6;     // 1행 1열
 6         arr[0][1] = -3;     // 1행 2열
 7         arr[1][0] = -1;     // 2행 1열
 8         arr[1][1] = 0;     // 2행 2열
 9         arr[2][0] = 1;     // 3행 1열
10         arr[2][1] = -8;     // 3행 2열
11         System.out.println("arr[1][1] : " + arr[1][1]);
12     }
13 }
```

2행 2열의 데이터를 출력하는데 arr[2][2]가 아닌 arr[1][1]을 출력한 이유는 배열의 인덱스가 1이 아닌 0부터 시작하기 때문이다. 처음 배열을 접하는 학생들이 많이 하는 실수인데, 만약 이런 혼란을 피하고 싶다면, 아래처럼 배열의 0번 데이터는 비워놓은 채

1번 데이터부터 사용해도 무관하다. 대신 이 경우에는 0번의 데이터는 사용하지 않기 때문에 배열의 크기를 최소 1 이상 크게 잡아 주어야 한다는 점을 반드시 명심하자.

C++

```
 1  #include <stdio.h>
 2
 3  int arr[4][3]; // 배열의 크기는 [3+1][2+1]이상으로 잡는다.
 4  int main() {
 5      arr[1][1] = 6;     // 1행 1열
 6      arr[1][2] = -3;    // 1행 2열
 7      arr[2][1] = -1;    // 2행 1열
 8      arr[2][2] = 0;     // 2행 2열
 9      arr[3][1] = 1;     // 3행 1열
10      arr[3][2] = -8;    // 3행 2열
11      printf("arr[2][2] : %d", arr[2][2]);
12  }
```

JAVA

```
 1  public class Solution {
 2      static int arr[][];
 3      public static void main(String[] args) {
 4          // 배열의 크기는 [3+1][2+1]이상으로 잡는다.
 5          arr = new int[4][3];
 6          arr[1][1] = 6;     // 1행 1열
 7          arr[1][2] = -3;    // 1행 2열
 8          arr[2][1] = -1;    // 2행 1열
 9          arr[2][2] = 0;     // 2행 2열
10          arr[3][1] = 1;     // 3행 1열
11          arr[3][2] = -8;    // 3행 2열
12          System.out.println("arr[2][2] : " + arr[2][2]);
13      }
14  }
```

- 리스트(List)

리스트(List)는 데이터와 다음 원소를 가리키는 일종의 방향을 가지고 있는 자료구조이다. 리스트를 구현하는 방법에는 크게 연결 리스트(Linkedlist)와 배열 리스트(Arraylist)가 있으며 배열은 그 크기가 고정되어 있는 반면 연결 리스트와 배열 리스트는 모두 동적으로 크기를 늘릴 수 있다는 장점이 있다. 동적으로 크기를 관리한다는 것은 메모리를 효율적으로 사용할 수 있다는 의미이며 나중에 배울 인접배열과 인접리스트에서 자세히 확인할 수 있다.

연결 리스트(Linkedlist)는 이름처럼 리스트들을 연결한 형태로 배열은 번호(index)를 가지고 있는 반면 연결 리스트의 원소들은 다음 데이터의 위치(pointer)를 가지고 있다.

[그림 3] - 연결 리스트

리스트는 데이터의 번호(index)를 가지고 있지 않기 때문에, 예를 들어 [그림 3]과 같은 연결 리스트에서 세 번째 데이터의 값을 호출하고 싶으면 첫번째 리스트에서 두번째 리스트의 위치를, 두번째 리스트에서 세번째 리스트의 위치를 찾아 최종적으로 데이터를 호출해야 한다. 즉, 해당 데이터를 호출하는데 O(N)의 시간복잡도가 걸린다는 단점이 있다. 하지만 삽입/삭제연산을 배열보다 빠르게 처리한다는 장점이 있다.

배열과 연결 리스트에 순서대로 7,1,2,9,7,8,4라는 데이터가 존재할 때, 4번째 데이터인 9를 제거하는 경우를 생각해보자. 연결 리스트에서는 3번째 데이터가 가리키는 다음 데이터의 위치를 4번째 데이터인 9가 아닌 다섯 번째 데이터인 7로만 바꿔주면 된다.

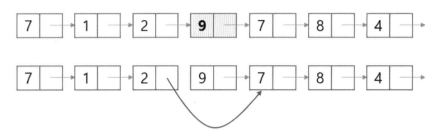

[그림 4] - 연결 리스트에서의 삭제 연산

반면 아래 [그림 5]처럼 배열에서의 삭제연산은 빈 공간을 순서대로 채워줘야 하므로 O(N)의 시간복잡도가 소요된다. (최악의 경우인 제일 앞에 있는 데이터를 비웠을 경우 N-1개의 데이터를 모두 이동해야 한다.)

Index	0	1	2	**3**	4	5	6
data	7	1	2	**9**	7	8	4

Index	0	1	2	3	4	5	6
data	7	1	2	**7**	7	8	4

Index	0	1	2	3	4	5	6
data	7	1	2	7	**8**	8	4

Index	0	1	2	3	4	5	6
data	7	1	2	7	8	**4**	4

[그림 5] - 배열에서의 삭제 연산

배열 리스트(Arraylist)는 동적 할당이 가능한 리스트의 장점과 인덱스 접근이 가능한 배열의 장점을 합친 자료구조이다. 인덱스를 가지고 있기 때문에 삽입/삭제연산시 O(N)의 시간복잡도가 걸린다는 배열의 단점을 가지고 있으나 인덱스로 데이터를 상수 시간만에 접근 가능하고, 연결 리스트처럼 동적으로 크기를 늘릴 수 있다. 우리가 삼성 소프트웨어 역량테스트를 준비할 땐 연결 리스트보다는 배열 리스트(C++에서는 vector)를 주로 사용하게 될 것이다.

C++

```cpp
 1  #include <stdio.h>
 2  #include <vector>
 3
 4  using namespace std;
 5
 6  vector <int> v;
 7  int main() {
 8      v.clear(); // vector 초기화
 9      v.push_back(1); // vector에 데이터 1 삽입
10      v.push_back(10); // vector에 데이터 10 삽입
11      printf("v[0] = %d\n", v[0]); // 첫번째 원소 출력
12      printf("v[1] = %d\n", v[1]); // 두번째 원소 출력
13      printf("v.size = %d\n", v.size()); // vector의 원소개수 출력
14  }
```

JAVA

```java
 1  import java.util.ArrayList;
 2
 3  public class Solution {
 4
 5      static ArrayList <Integer> v;
 6      public static void main(String[] args) {
 7          v = new ArrayList <Integer>();
 8          // arraylist 초기화
 9          v.clear();
10          // arraylist에 데이터 1 삽입
11          v.add(1);
12          // arraylist에 데이터 10 삽입
13          v.add(10);
14          // 첫번째 원소 출력
15          System.out.println("v[0] = " + v.get(0));
16          // 두번째 원소 출력
17          System.out.println("v[1] = " + v.get(1));
18          // arraylist의 원소 개수 출력
19          System.out.println("v.size = " + v.size());
20      }
21  }
```

– 스택(Stack)

스택(Stack)이란 선입후출(First In, Last Out:FILO), 후입선출(Last In, First Out:LIFO)의 구조를 가지고 있다. 즉, 한쪽 방향에서만 데이터의 삽입과 제거가 이루어지는 것이다. 예를 들어 책을 바닥에 순서대로 쌓아놓고, 다시 책을 꺼낼 땐 마지막에 쌓은 것부터 꺼내는 방식을 생각하면 이해하기 쉽다. 만약 스택에 숫자 5,3,4,7,6,2,3을 순서대로 넣은 후 다시 뽑으면 입력의 반대 순서인 3,2,6,7,4,3,5의 순서로 숫자를 뽑게 된다.

[그림 6] - 스택(Stack)

C++에서의 스택은 초기화하는 clear함수를 제공하지 않기 때문에 초기화하는 구문을 꼭 숙지해야 한다. 또한 C++에서는 top함수를 통해 스택의 데이터를 확인할 수 있지만, 데이터의 제거는 별도의 pop함수로 수행하여야 한다. JAVA에서의 peek함수는 C++의 top과 같이 데이터 값을 리턴하기만 하는 반면 pop함수는 스택의 데이터 값을 리턴하고, 제거하는 역할까지 동시에 수행한다는 점에 유의하자.

C++

```cpp
1  #include <stdio.h>
2  #include <stack>
3
4  using namespace std;
5
6  stack <int> stk;
7  int main() {
8      //stack 초기화
9      //stack에 아무것도 없을 때 까지 stack의 데이터를 삭제
10     while (!stk.empty()) {
11         // stack에서 데이터 삭제
12         stk.pop();
13     }
14     // stack에 데이터 2 삽입
15     stk.push(2);
16     // stack에 데이터 20 삽입
17     stk.push(20);
18     // stack의 size 출력
19     printf("stk.size : %d\n", stk.size());
20     // stack에서 데이터 확인
21     printf("data : %d\n", stk.top());
22     // stack에서 데이터 삭제
23     stk.pop();
24     //stack에서 데이터 확인
25     printf("data : %d\n", stk.top());
26 }
```

JAVA

```java
import java.util.Stack;

public class Solution {
    static Stack <Integer> stk;
    public static void main(String[] args) {
        stk = new Stack <Integer>();
        // stack 초기화
        stk.clear();
        // stack에 데이터 2 삽입
        stk.add(2);
        // stack에 데이터 20 삽입
        stk.add(20);
        //stack의 size 출력
        System.out.println("stk.size : " + stk.size());
        //stack에서 데이터 확인 및 제거
        System.out.println("data : " + stk.pop());
        //stack에서 데이터 확인
        System.out.println("data : " + stk.peek());
        //stack에서 데이터 확인 및 제거
        stk.pop();
        //stack에 아무것도 없는지 확인
        if(stk.isEmpty()) {
            System.out.println("stack is empty");
        }
    }
}
```

- 큐(Queue)

큐(Queue)란 선입선출(First In, First Out:FIFO), 후입후출(Last In, Last Out: LILO)의 구조를 가지고 있다. 스택과는 다르게 책을 바닥에 순서대로 쌓아놓고, 다시 책을 꺼낼 땐 먼저 쌓은 것부터 꺼내는 방식을 생각하면 된다. 아래처럼 큐에 숫자 5,3,4,7,6,2,3을 순서대로 넣은 후 다시 뽑으면 입력된 순서와 동일하게 5,3,4,7,6,2,3 의 순서로 숫자를 뽑게 된다.

[그림 7] - 큐(Queue)

C++에서의 큐(Queue)는 스택(Stack)과 마찬가지로 초기화하는 clear함수를 제공하지 않기 때문에 초기화하는 구문을 스스로 작성할 수 있어야 한다. 또한 C++에서는 front함수를 통해 큐의 데이터를 확인할 수 있지만, 데이터의 제거는 별도의 pop함수로 수행하여야 한다.

JAVA에서의 큐(Queue)는 클래스로 구현된 스택(Stack)과 달리 별도의 인터페이스 형태로 제공된다. 우리는 이 책에서 Linkedlist 클래스로 Queue를 인스턴스화 하여 사용하도록 할 것이다. 알고리즘 문제를 풀 땐 이 의미를 깊게 이해할 필요는 없고, 아래 JAVA코드의 큐 선언부분인 8번째 줄을 암기하여 다른 자료구조와 헷갈리지 않도록 주의하자. JAVA에서의 peek함수는 큐의 데이터 값을 리턴하기만 하는 반면 poll함수는 큐의 데이터 값을 리턴하고, 제거하는 역할까지 동시에 수행한다는 점에 유의하자.

C++

```cpp
#include <stdio.h>
#include <queue>

using namespace std;

queue <int> que;
int main() {
    // queue 초기화
    // queue에 아무것도 없을 때 까지 queue의 데이터를 삭제
    while (!que.empty()) {
        que.pop();
    }
    // queue에 데이터 3 삽입
    que.push(3);
    // queue에 데이터 30 삽입
    que.push(30);
    // queue의 size 출력
    printf("que.size : %d\n", que.size());
    // queue에서 데이터 확인
    printf("data : %d\n", que.front());
    // queue에서 데이터 삭제
    que.pop();
    // queue에서 데이터 확인
    printf("data : %d\n", que.front());
}
```

JAVA

```java
import java.util.LinkedList;
import java.util.Queue;

public class Solution {
    static Queue <Integer> que;
    public static void main(String[] args) {
        // queue는 Linkedlist 클래스로 선언한다.
        que = new LinkedList <Integer>();
        // queue 초기화
        que.clear();
        // queue에 데이터 3 삽입
        que.add(3);
        // queue에 데이터 30 삽입
        que.add(30);
        // queue의 size 출력
        System.out.println("que.size : " + que.size());
        // queue에서 데이터 확인 및 제거
        System.out.println("data : " + que.poll());
        // queue에서 데이터 확인
        System.out.println("data : " + que.peek());
        // queue에서 데이터 확인 및 제거
        que.poll();
        // queue에 아무것도 없는지 확인
        if(que.isEmpty()) {
            System.out.println("queue is empty");
        }
    }
}
```

Summary

- 배열(Array)와 번호(index)로 상수 시간만에 데이터로의 접근이 가능하지만 크기가 정적(static)이고, 불필요한 메모리 공간을 낭비할 수 있다는 단점이 있다.

- 배열의 번호가 0부터 시작함에 유의하자. 만약 0번째 데이터를 무시하고 1번 데이터부터 사용하려면 반드시 배열의 크기를 기존의 크기보다 크게 잡아야 한다.

- 배열 사용시 가장 많이 하는 실수가 존재하지 않는 번호의 값을 호출할 때 발생하는 index error이다(자바의 경우 "ArrayIndexOutOfBoundsException" 에러 발생). 배열을 사용할 땐, 항상 내가 만든 배열의 크기를 벗어나는 데이터를 호출하지는 않는지 꼼꼼히 살펴야 한다.

- 리스트(List)는 데이터로의 접근이 O(N)의 시간복잡도로 비효율적이지만, 크기를 동적으로 증가시킬 수 있고, 메모리 공간의 낭비 없이 효율적으로 사용할 수 있다는 장점이 있다.

- 리스트가 배열보다 메모리 공간을 효율적으로 사용하는 예시는 '5-2. 그래프 이론 (Graph Theory)'의 **인접 배열과 인접 리스트**를 만들 때 좀 더 자세히 살펴볼 수 있다.

- 삼성 소프트웨어 역량테스트 문제 수준의 알고리즘 문제에서는 리스트의 삭제 연산을 거의 사용하지 않기 때문에 리스트 구현시 삭제 연산에서는 나쁜 성능을 보이지만 그 외의 부분에선 배열과 리스트의 장점을 모두 지닌 배열 리스트(Arraylist)를 사용한다.

- 스택은 '5-2-1. 깊이 우선 탐색(Depth First Search, DFS)', 큐는 '5-2-2. 너비 우선 탐색(Breadth First Search)' 알고리즘을 배울 때 꼭 필요한 자료구조이므로 구현방법과 원리를 반드시 숙지해야 한다.

TIPS for C++

- 벡터(vector)에서는 리스트의 초기화(clear), 크기 확인(size), 리스트의 삽입 연산 (push_back)함수를 숙지해야 한다.

- 스택(Stack)에서는 스택의 크기(size), 비어 있는지 여부(empty), 데이터 삽입 (push), 데이터 확인(top), 데이터 삭제(pop)함수를 숙지해야 한다.

- 큐(Queue)에서는 큐의 크기(size), 비어 있는지 여부(empty), 데이터 삽입 (push), 데이터 확인(front), 데이터 삭제(pop) 함수를 숙지하여야 한다.

- 스택과 큐의 데이터 확인(top/front)함수는 데이터를 확인만 할 뿐, 삭제는 하지 않는다는 점을 꼭 명심해야 한다.

- C++에서는 스택과 큐의 초기화 함수(clear)를 제공하지 않으므로, 별도의 초기화 하는 방법을 꼭 익혀야 한다. 아래 코드를 참조해도 좋다.

```c
#include <stdio.h>
#include <queue>
#include <stack>

using namespace std;

queue <int> que;
stack <int> stk;
int main() {
    // queue 초기화
    // queue가 비어있지 않다면 아래 반복문을 계속해서 수행
    while (!que.empty()) {
        // queue에서 데이터 삭제
        que.pop();
    }
    // stack 초기화
    // stack이 비어있지 않다면 아래 반복문을 계속해서 수행
    while (!stk.empty()) {
        // stack에서 데이터 삭제
        stk.pop();
    }
}
```

TIPS for JAVA

- 배열 리스트(Arraylist)에서는 리스트의 초기화(clear), 크기 확인(size), 리스트의 삽입(add), 데이터 확인(get(index))함수를 숙지해야 한다.

- 스택(Stack)에서는 스택의 크기(size), 비어있는지 여부(isEmpty), 데이터 삽입(add), 데이터 확인(peek), 데이터 확인 및 삭제(pop)함수를 숙지해야 한다.

- 큐(Queue)에서는 큐의 크기(size), 비어있는지 여부(isEmpty), 데이터 삽입(add), 데이터 확인(peek), 데이터 확인 및 삭제(poll) 함수를 숙지하여야 한다.

- JAVA에서 큐를 선언할 때 Linkedlist 클래스를 사용한다는 점을 기억해야 한다.

- JAVA에서는 자료구조를 선언하거나 import하는 구문을 따로 외우지 않아도 앞에서 언급한 자동완성(Ctrl+Space)을 이용하면 import 구문까지 자동으로 입력 가능하다. 아래 그림처럼 자료구조 이름의 일부를 입력 후 자동완성을 이용하면 import까지 모두 자동으로 입력됨을 볼 수 있다.

```
[J] *Solution.java ⌧

  1
  2  public class Solution {
⊗ 3⊖     static que
  4        public stat   ┌─────────────────────────────────────────────────┐
  5        }             │ ❶ Queue - java.util                             │
  6  }                   │ ❻ Query - javax.management                      │
                         │ ❸ QueryEval - javax.management                  │
                         │ ❶ QueryExp - javax.management                   │
                         │ ❻ QueuedJobCount - javax.print.attribute.standard│
                         │ ❶ QualifiedNameable - javax.lang.model.element   │
                         └─────────────────────────────────────────────────┘
```

[그림 8] - 자동완성

```
[J] *Solution.java ⌧

  1  import java.util.Queue;
  2
  3  public class Solution {
⊗ 4⊖     static Queue<E>
  5        public static void main(String[] args) {
  6        }
```

[그림 9] - 자동완성 선택 후 모습

PART 05

유형별 알고리즘

유형별 알고리즘

이번 챕터에서는 여러 알고리즘 중에 시험에서 가장 많이 출제되는 알고리즘을 선별하여 중요도 순서로 학습하고 문제를 풀어본다. 특히 구현(Implementation), 깊이 우선 탐색(Depth First Search, DFS), 너비 우선 탐색(Breadth First Search, BFS)은 그동안 출제된 시험문제의 90% 이상의 비중을 차지하고 있기 때문에 특히 더 집중하여 공부하길 추천한다.

본격적인 알고리즘 학습에 앞서 input데이터를 스스로 만드는 법을 간략하게 소개하려 한다. 실제 시험에서의 채점용 evaluation case는 주어지는 sample case에 없는 실수하기 쉬운 예외 케이스들이 많이 포함되어 있다. 따라서 시간적 여유가 된다면 스스로 input데이터를 만들어 본인의 코드가 에러 없이 잘 수행되는지, 예외 케이스에서도 정답을 출력하는지를 확인해 본다면 더 좋은 결과를 얻을 수 있을 것이다.

아래 문제를 살펴보자.

[문제 1]

알고리즘 수업을 듣는 N명의 학생들은 어제 기말고사를 치렀다. 수업 조교인 창엽이는 학생들의 수업 이해도를 측정하기 위해 최고점인 학생의 점수와 최저점인 학생의 점수를 제외한 나머지 학생들의 평균점수인 '이해도 점수'를 구하려 한다. N명의 학생의 점수가 주어질 때, 이해도 점수를 출력하는 프로그램을 작성하시오.

[제한조건]
- 학생들의 점수는 0점부터 100점 사이의 정수이다.
- 계산된 이해도 점수의 값은 소수점 첫째 자리에서 버림한다.

[입력]
첫 번째 줄에 테스트케이스의 수 $T(1 \leq T \leq 10)$가 주어진다.
각 테스트케이스의 첫 번째 줄에는 인원수 $N(1 \leq N \leq 100)$이 주어진다.
다음 줄에 N명의 점수가 공백을 두고 하나씩 주어진다.

> **[출력]**
>
> 각 줄마다 "#T"(T는 테스트케이스 번호)를 출력한 뒤, 학생들의 이해도 점수를 출력하시오.

이 문제의 풀이는 추후에 다루기로 하고, 여기서는 이 문제에 필요한 input 데이터를 만드는 것에 집중해보자. 우리가 직접 input 데이터를 만드는 것은 시간도 많이 소요되고 다양한 데이터를 만드는 데에 한계가 있기 때문에 각 언어에서 난수를 생성하는 함수 사용법을 익히는 것이 좋다.

[난수 생성 코드]

C++

```cpp
 1  #include <stdio.h>
 2  #include <stdlib.h>
 3  #include <time.h>
 4
 5  int main() {
 6      srand(time(NULL)); // 난수 생성시 필요한 seed 생성
 7      for (int i = 0; i < 10; i ++) { // 난수 10개 생성
 8          int data = rand(); // [0, 32767] 사이의 난수 생성
 9          int start = 1; // 변수 최소값
10          int end = 100; // 변수 최대값
11          // [start, end]사이의 난수 생성
12          int N = (data % (end - start + 1)) + start;
13          printf("%d\n", N);
14      }
15  }
```

난수 생성에 필요한 헤더들을 추가하고(1~3번째 줄), 난수 생성시 필요한 seed를 시간의 초(second) 기반으로 생성(6번째 줄) 후 난수를 생성한다(8번째 줄). 변수 random에는 0 이상 32767 이하의 정수값을 갖는 난수가 생성된다. 만약 문제에서 제시한 변수의 N의 범위를 start $\leq N \leq$ end 라 하면 위와 같은 코드로 우리가 원하는 범위의 난수를 만들어 낼 수 있다. 단, 32767 이상인 변수가 필요한 경우에는 **random = rand()*32768 + rand();** 와 같이 위의 코드를 조금 응용하여 만들 수 있다.

[난수 생성 코드]

JAVA

```
 1  import java.util.Random;
 2
 3  public class Solution {
 4      public static void main(String[] args) {
 5          Random random = new Random();
 6          for (int i = 0; i < 10; i ++) {
 7              int start = 1; // 변수 최소값
 8              int end = 100; // 변수 최대값
 9              // [start, end] 사이의 난수 생성
10              int N = random.nextInt(end-start+1) + start;
11              System.out.println(N);
12          }
13      }
14  }
```

자동완성을 이용해 난수 생성에 필요한 java.util.Random을 import하고, 10번째 줄의 코드로 난수를 생성한다. random.nextInt(end-start+1); 로 0부터 end-start 까지의 변수를 생성한다. random.nextInt(); 로 난수를 생성하면 Int 전체 범위 (-2,147,483,648 ~ 2,147,483,647)에서 난수가 생성되기 때문에, 주의해서 사용해야 한다. 문제에서 제시한 변수의 N의 범위를 start $\leq N \leq$ end 라 하면 위와 같은 코드로 우리가 원하는 범위의 난수를 만들어 낼 수 있다.

앞에서 살펴본 문제의 입력 데이터는 다음과 같은 코드를 통해 만들 수 있다.

[문제 1. 입력 데이터 만들기]

C++

```c
#include <stdio.h>
#include <stdlib.h>
#include <time.h>

int main() {
    srand(time(NULL)); // 난수 생성시 필요한 seed 생성
    // random_input.txt로 데이터 생성
    freopen("random_input.txt", "w", stdout);
    int T = rand() % 10 + 1; // [1, 10]사이의 난수 생성
    printf("%d\n", T); // T 출력
    // T개의 테스트케이스 만큼 생성
    for (int test_case = 0; test_case < T; test_case++) {
        int N = rand() % 100 + 1; // [1, 100]사이의 난수 생성
        printf("%d\n", N); // N 출력
        for (int i = 0; i < N; i ++) {
            // [0, 100] 사이의 난수를 공백을 두고 출력
            printf("%d ", rand() % (101));
        }
        printf("\n"); //다음 테스트케이스를 위해 줄바꿈
    }
}
```

JAVA

```java
1  import java.io.File;
2  import java.io.FileNotFoundException;
3  import java.io.FileOutputStream;
4  import java.io.PrintStream;
5  import java.util.Random;
6
7  public class Solution {
8      public static void main(String[] args)
9                              throws FileNotFoundException {
10         // random_input.txt로 데이터 생성
11         File file = new File("random_input.txt");
12         PrintStream printStream
13             = new PrintStream(new FileOutputStream(file));
14         System.setOut(printStream);
15         Random random = new Random();
16         // [1, 10] 사이의 난수 생성
17         int T = random.nextInt(10) + 1;
18         System.out.println(T);
19         // T개의 테스트케이스 만큼 생성
20         for (int test_case = 0; test_case < T; test_case ++) {
21             // [1, 100] 사이의 난수 생성
22             int N = random.nextInt(100) + 1;
23             System.out.println(N); // N출력
24             for (int i = 0; i < N; i ++) {
25                 // [0, 100] 사이의 난수를 공백을 두고 출력
26                 System.out.print(random.nextInt(101) + " ");
27             }
28             // 다음 테스트케이스를 위해 줄바꿈
29             System.out.println();
30         }
31     }
```

위 코드들에 추가된 파일 출력 부분을 생략하고 실제 출력된 데이터를 복사하여 input 데이터로 사용하여도 무방하다.

5-1. 논리 구현(Implementation)

　논리 구현은 프로그래밍의 가장 기본이 되는 것으로써 for/while문 같은 반복문과 if문 같은 조건문을 활용해 알고리즘을 논리적으로 빈틈없이 구현하는 연습이 필요하다.

for문

　for문 크게 for(초기부; 조건부; 증감부){ 내용 } 의 형태로 구성되어 있다. 처음 for 문에 진입할 때 "초기부"가 수행되며 그 후 우리가 작성한 '내용' 부분이 수행된다. '내용'부분 에 대항 수행이 끝나면 '증감부'가 수행되고, '조건부'가 참이면 다시 '내용'부분을 수행하고, '조건'부분이 거짓이면 반복문을 수행하지 않는 형태로 작동한다.

　초기부/조건부/증감부/내용 모두 꼭 입력되어야 하는 건 아니어서 필요에 의해 생략 될 때도 있으나 일반적으로 모든 부분을 작성한다. 아래 두 개의 [코드 5-1]과 [코드 5-2]를 살펴보면 모두 0부터 9까지 출력하는 같은 반복문임을 알 수 있다.

```
1  // 초기부/조건부/증감부를 모두 없앤 for문
2  int i = 0;
3  for (;;) {
4      // C++의 경우 printf("%d\n", i);
5      // JAVA의 경우 System.out.println(i);
6      i++;
7      if (i < 10) {
8          continue;
9      }
10     else {
11         break;
12     }
13 }
```

[코드 5-1]

```
1  for (int i = 0; i < 10; i ++) {
2      // C++의 경우 printf("%d\n", i);
3      // JAVA의 경우 System.out.println(i);
4  }
```

[코드 5-2]

for문 외의 반복문 중에 하나인 while문은 while(조건부){ 내용 }의 형태로 구성되어 있으며, "조건부"의 내용이 참일 경우 "내용"이 수행되는 방식이다. 이는 for문에서 "초기부"와 "증감부"를 생략한 것과 같은 형태로 만약 for문을 능숙하게 다룰 수 있다면 우리가 알고리즘 공부를 하는 데 있어 굳이 while문 사용법을 익히지 않아도 무관하다. 아래 두 개의 코드를 비교해보면 하나는 for문이고 다른하나는 while문이지만 같은 내용을 출력함을 알 수 있다.

```
1  int x = 1;
2  while (x <= 100) {
3      // C++의 경우 printf("%d\n", x);
4      // JAVA의 경우 System.out.println(x);
5      x *= 2;
6  }
```

[코드 5-3]

```
1  int x = 1;
2  for (; x <= 100;) {
3      // C++의 경우 printf("%d\n", x);
4      // JAVA의 경우 System.out.println(x);
5      x *= 2;
6  }
```

[코드 5-4]

if문에서 자주 실수하는 것 중에 하나는 if/if문과 if/else if문의 차이이다. 간단한 내용이지만 놓치기 쉬운 부분이므로 둘의 차이를 확실히 알고 혼동하지 않도록 하여야 한다.

1과 100 사이의 자연수에서 2 또는 3의 배수들을 출력하는 코드를 아래 두 가지 코드를 통해 살펴보자.

```
 1  int total = 0;
 2  for (int i = 1; i <= 100; i ++) {
 3      if (i % 2 == 0) {
 4          total++;
 5      }
 6      else if (i % 3 == 0) {
 7          total++;
 8      }
 9  }
10  // C++의 경우 printf("총 개수 : %d\n", total);
11  // JAVA의 경우 System.out.println("총 개수 : "+total);
```

[코드 5-4]

```
 1  int total = 0;
 2  for (int i = 1; i <= 100; i ++) {
 3      if (i % 2 == 0) {
 4          total++;
 5      }
 6      if (i % 3 == 0) {
 7          total++;
 8      }
 9  }
10  // C++의 경우 printf("총 개수 : %d\n", total);
11  // JAVA의 경우 System.out.println("총 개수 : "+total);
```

[코드 5-5]

두 코드의 마지막 total값을 출력해보면 [코드 5-4]는 67개, [코드 5-5]는 83개가 출력된다. 어디서 이 차이가 발생하였는지는 한번 스스로 디버깅을 해보자. 앞에서 언급한 디버깅 툴을 이용해도 좋고, 아니면 언제 total값이 증가하는지를 출력해보면 두 코드의 차이와 어느 코드가 잘못되었는지를 쉽게 찾을 수 있을 것이다.

마지막으로 반복문에서 자주 쓰이는 break와 continue에 대해서 알아보자. break는 해당 반복문을 종료하는 것이고, continue는 해당 반복문의 "내용"부분의 마지막 위치로 이동한다고 생각하면 된다.

```
 1   for(int i = 0; i < 10; i ++){
 2       for(int j = 0; j < 20; j ++){
 3           if(i == 1){
 4               break;
 5           }
 6           else if(j == 1){
 7               continue;
 8           }
 9           // C++의 경우 printf("i : %d, j : %d\n", i, j);
10           // JAVA의 경우 System.out.println("i : "+i+"j : "+j);
11           // 반복문 안쪽
12       }
13           //반복문 바깥쪽
14   }
```

[코드 5-6]

[코드 5-6]의 4번째 줄의 break나 7번째 줄의 continue는 가장 안쪽 반복문인 2번째 줄의 반복문에만 영향을 미친다. 구체적으로 말하자면 i가 1인 경우에는 4번째 줄에서 break를 수행하므로 2번째 줄의 반복문을 빠져나가 13번째 줄로 이동한다. 마찬가지로 j가 1인 경우에는 7번째 줄의 continue를 수행하므로 "내용"의 마지막에 해당하는 11번째 줄로 이동한다. i와 j를 출력하는 9,10번째 줄을 통해 어떤 식으로 break와 continue가 수행되는지를 확인해 볼 수 있다.

만약 [코드5-6]에서 가장 안쪽 반복문인 2번째 줄의 for문 뿐만 아니라 첫 번째 줄의 for문에 대해서 break를 수행 하고 싶을 때, 다시 말해 여러 개가 중첩된 반복문을 한번에 모두 탈출하고 싶을 땐 C++에서는 goto문을 이용하거나, JAVA에서는 반복문에 label을 지정하여 break를 사용하는 방법이 있다.

아래 코드를 그대로 수행해 보고, goto exit/break exit를 제거한 후 다시 수행해 보면서 그 차이를 확인해 보도록 하자.

C++

```
1  #include <stdio.h>
2
3  int main() {
4      while (true) {
5          printf("first loop\n");
6          while (true) {
7              printf("second loop\n");
8              while (true) {
9                  printf("third loop\n");
10                 goto exit;
11             }
12         }
13     }
14 exit:;
15 }
```

JAVA

```
1  public class Solution {
2      public static void main(String[] args) {
3          exit:
4          while (true) {
5              System.out.println("first loop\n");
6              while (true) {
7                  System.out.println("second loop\n");
8                  while (true) {
9                      System.out.println("third loop\n");
10                     break exit;
11                 }
12             }
13         }
14     }
15 }
```

[문제 5-1-1. 이해도 점수]

힙, 정적 메모리 모두 합쳐서 256MB이내, 스택 메모리 1MB 이내
제한시간 C/C++ : 1.5초 이내, JAVA : 2.5초 이내

알고리즘 수업을 듣는 응석, 효연, 민우, 용근, 세춘, 평건이는 어제 기말고사를 치렀다. 수업 조교인 창엽이는 학생들의 수업 이해도를 측정하기 위해 최고점인 학생의 점수와 최저점인 학생의 점수를 제외한 나머지 학생들의 평균점수인 "이해도 점수"를 구하려 한다. 6명 학생의 점수가 주어질 때, 이해도 점수를 출력하는 프로그램을 작성하시오.

[제한조건]
- 학생들의 점수는 0점부터 100점 사이의 정수이다.
- 계산된 이해도 점수의 값은 소수점 첫째 자리에서 버림한다.

[입력]
첫 번째 줄에 테스트케이스의 수 $T(1 \leq T \leq 10)$가 주어진다.
각 테스트케이스마다 6명의 점수가 공백을 두고 하나씩 주어진다.

[출력]
각 줄마다 "#T"(T는 테스트케이스 번호)를 출력한 뒤, 학생들의 이해도 점수를 출력하시오.

[sample input]
```
5
67 42 81 78 22 41
98 52 7 4 17 84
74 89 78 62 49 98
44 70 3 53 50 46
90 55 97 5 72 98
```

[sample output]
```
#1 57
#2 40
#3 75
#4 48
#5 78
```

[문제 5-1-1. 이해도 점수] **문제 접근법**

이 문제에서는 **(1) 가장 높은 점수와 가장 낮은 점수 찾기**, 두 점수를 제외한 **(2) 나머지 네 점수의 평균 구하기**의 두 단계로 문제를 나누어 풀 수 있다.

가장 높은 점수와 가장 낮은 점수는 6개의 숫자를 모두 비교하면서 찾고, 나머지 네 개의 평균은 ((최초 6명의 학생의 점수의 합 − 가장 높은 점수 − 가장 낮은 점수) ÷ 4)로 구할 수 있다.

또한, 제한 조건에서 이해도 점수의 값은 소수점 첫째 자리에서 버림한다고 했으므로 이해도 점수는 정수를 나타내는 자료형인 int를 사용하고, '/' 기호로 나눗셈을 계산하면 된다는 것을 알 수 있다.

다양한 풀이방법이 있을 수 있으므로 자신이 작성한 답안과 다음 모범 코드를 비교해 같은 결과가 출력되는지 살펴보도록 하자. 또한, 앞에서 알려준 input만드는 법을 참고하여 sample input이외의 다양한 input을 테스트 해보도록 하자.

[문제 5-1-1. 이해도 점수] 모범 코드

C++

```cpp
1  #include <stdio.h>
2
3  int score[6]; // 학생들의 점수
4  int T; // 테스트케이스 수
5  int main() {
6      scanf("%d", &T);
7      for (int test_case = 1; test_case <= T; test_case++) {
8          for (int i = 0; i < 6; i ++) {
9              scanf("%d", &score[i]);
10         }
11         int MAX_score = 0; // 가장 높은 점수
12         for (int i = 0; i < 6; i++) {
13             //기존의 MAX_score보다 더 높은 점수를 발견시 갱신
14             if (MAX_score < score[i]) {
15                 MAX_score = score[i];
16             }
17         }
18         int min_score = 100; // 가장 낮은 점수
19         for (int i = 0; i < 6; i++) {
20             //기존의 min_score보다 더 낮은 점수를 발견시 갱신
21             if (min_score > score[i]) {
22                 min_score = score[i];
23             }
24         }
25         int sum = 0; // 점수의 합
26         // 6명의 점수를 모두 더함
27         for (int i = 0; i < 6; i++) {
28             sum = sum + score[i];
29         }
30         // 가장 높은 점수와 가장 낮은 점수를 제외
31         sum = sum - MAX_score - min_score;
32         int Answer = sum / 4; // 이해도 점수
33         printf("#%d %d\n", test_case, Answer);
34     }
35 }
```

JAVA

```java
import java.util.Scanner;

public class Solution {
    static int score[];
    public static void main(String[] args) {
        score = new int[6]; // 학생들의 점수
        Scanner sc = new Scanner(System.in);
        int T = sc.nextInt(); // 테스트케이스 수
        for (int test_case = 1; test_case <= T; test_case ++) {
            for (int i = 0; i < 6; i ++) {
                score[i] = sc.nextInt();
            }
            int MAX_score = 0; // 가장 높은 점수
            // 기존의 MAX_score보다 더 높은 점수를 발견시 갱신
            for (int i = 0; i < 6; i ++) {
                if (MAX_score < score[i]) {
                    MAX_score = score[i];
                }
            }
            int min_score = 100; // 가장 낮은 점수
            for (int i = 0; i < 6; i ++) {
                // 기존의 min_score보다 더 낮은 점수를 발견시 갱신
                if (min_score > score[i]) {
                    min_score = score[i];
                }
            }
            int sum = 0; // 점수의 합
            // 6명의 점수를 모두 더함
            for (int i = 0; i < 6; i ++) {
                sum = sum + score[i];
            }
            // 가장 높은 점수와 가장 낮은 점수를 제외
            sum = sum - MAX_score - min_score;
            int Answer = sum / 4; // 이해도 점수
            System.out.println("#" + test_case + " " + Answer);
        }
    }
}
```

[문제 5-1-2. 갤러그]

힙, 정적 메모리 모두 합쳐서 256MB이내, 스택 메모리 1MB 이내
제한시간 C/C++ : 1.5초 이내, JAVA : 2.5초 이내

고전게임을 잘하기로 소문난 두 형제 종현이와 종원이는 요새 갤러그라는 게임에 푹 빠져 있다. 현재 종현이와 종원이의 점수는 각각 A점과 B점이고, 종현이의 점수 A는 종원이의 점수 B보다 높거나 같다. 종현이는 매주 점수가 2배씩 상승하지만, 노력파인 종원이는 종현이를 이기기 위해 쉬지 않고 연습한 결과 매일 점수가 3배씩 상승하는 능력을 갖추었다.

이때, 며칠이 지나야 종원이가 종현이의 점수보다 높아질 수 있을까?

[입력]

첫 번째 줄에 테스트케이스의 수 T(1≤T≤50)가 주어진다.

각 테스트케이스마다 최초 종현이의 점수 A와 종원이의 점수 B가 각각 공백을 두고 주어진다. 단, 최초 종현이의 점수 A는 종원이의 점수 B보다 크거나 같으며 1점 이상 5천점 이하의 점수이다. (A≥B, 1≤B≤A≤5000)

[출력]

각 줄마다 "#T"(T는 테스트케이스 번호)를 출력한 뒤, 종원이의 점수가 종현이의 점수를 추월하게 되는데 필요한 일수를 출력한다.

[sample input]
4
7 1
8 3
4 4
4500 2

[sample output]
#1 5
#2 3
#3 1
#4 20

[문제 5-1-2. 갤러그] 문제 접근법

일반적인 첫 번째 접근 방법과 수학적 계산을 통해 조금 더 빨리 풀 수 있는 두 번째 방법도 같이 소개하지만, 이번 장에서는 첫번째 방법을 통해 문제를 푸는 법을 연습해 보길 추천한다.

1. 종현이는 매일 두 배씩 증가하고, 종원이는 매일 세 배씩 증가하기 때문에 언젠가 는 종원이의 점수가 종현이의 점수보다 커지는 것은 자명하다. 따라서 가장 오랜 시간이 걸리는 케이스 (A = 5000, B = 1)를 계산해보면 22일 후에는 종원이의 점 수가 더 높아짐을 알 수 있다.

$$(5000 \times 2^{22} = 20,971,520,000 \leq 1 \times 3^{22} = 31,381,059,609)$$

따라서 1일부터 22일까지 반복해서 계산하며 종원이의 값(=B)이 더 큰지 확인하 는 식으로 문제를 풀 수 있다. 단, 위의 계산에서도 보다시피 점수의 값이 int의 최댓값인 $2^{31} = 2,147,483,648$보다 클 수 있다는 점에 유의하자.

2. 수학적으로 계산해보면 종현이의 점수는 매일 2배씩 증가하고, 종원이의 점수는 매일 3배씩 증가하므로 N일 후 종현이와 종원이의 점수는 각각 $A \times 2^N$, $B \times 3^N$ 임을 알 수 있다. 따라서 우리가 종원이의 점수가 높아지는 N을 찾기 위해선 다음 식을 풀면 된다.

$$A \times 2^N < B \times 3^N \Leftrightarrow \frac{A}{B} < \left(\frac{3}{2}\right)^N \Leftrightarrow \log(A/B)/\log(3/2) < N$$

즉, $\log(A/B)/\log(3/2)$보다 큰 최소의 자연수가 답이 되므로, 상수 시간복잡도 (O(1)) 만에 해결할 수 있다.

[문제 5-1-2. 갤러그] 모범 코드

C++

```
1   #include <stdio.h>
2
3   int T;
4   // A와 B의 값이 int를 초과할 수 있으므로 long long을 사용
5   long long A, B;
6   int main() {
7       scanf("%d", &T);
8       for (int test_case = 1; test_case <= T; test_case ++) {
9           scanf("%lld %lld", &A, &B);
10          for (int i = 1; i <= 22; i++) {
11              A = A * 2;
12              B = B * 3;
13              if (A < B) { // 종원이의 점수가 종현이보다 크다면
14                  printf("#%d %d\n", test_case, i);
15                  break;
16              }
17          }
18      }
19  }
```

JAVA

```
1   import java.util.Scanner;
2
3   public class Solution {
4       static int T;
5       // A와 B의 값이 int를 초과할 수 있으므로 long을 사용
6       static long A, B;
7
8       public static void main(String[] args) {
9           Scanner sc = new Scanner(System.in);
10          T = sc.nextInt();
11          for (int test_case = 1; test_case <= T; test_case++) {
12              A = sc.nextLong();
13              B = sc.nextLong();
14              for (int i = 1; i <= 22; i ++) {
15                  A = A * 2;
16                  B = B * 3;
17                  if (A < B) { // 종원이의 점수가 종현이보다 크다면
18                      System.out.println("#"+test_case+" "+i);
19                      break;
20                  }
21              }
22          }
23      }
24  }
```

[문제 5-1-3. 로봇 쥐]

힙, 정적 메모리 모두 합쳐서 256MB이내, 스택 메모리 1MB 이내
제한시간 C/C++ : 1.5초 이내, JAVA : 2.5초 이내

원규가 졸업 작품으로 만든 로봇 쥐가 있다. 이 로봇 쥐는 특수한 $N \times M$격자 내에서 이동하도록 설계되어 있다. 격자의 각 칸은 벽과 벽이 아닌 칸으로 구분되고 격자 외곽은 모두 벽으로 이루어져 있다. 또한 로봇 쥐는 벽이 아닌 칸만 이동할 수 있고, 특히 아래와 같은 규칙으로 이동하도록 설계되어 있다.

1. 로봇 쥐가 현재 바라보고 있는 방향의 다음 칸이 벽이 아닌 이동할 수 있는 공간이라면 이동한다. 단, 다음 칸이 이미 로봇 쥐가 머물던 공간(최초 위치 포함)이거나 벽이라면 이동하지 않고 시계방향으로 90도 회전하여 다시 탐색한다.
2. 만약 현재 위치에서 4방향 모두 이동할 수 있는 공간이 없다면 현재 칸에 최초 진입했을 때 바라본 방향을 기준으로 한 칸 뒤로 이동한 후, 1번을 다시 수행한다.
3. 2번에서 만약 뒷공간이 벽인 경우 작동을 멈춘다.

이때, 로봇 쥐가 후진을 포함하여 이동한 총횟수를 구하는 프로그램을 작성하시오.

[입력]

첫 번째 줄에 테스트케이스의 수 T(1≤T≤50)가 주어진다.

각 테스트케이스마다 첫 번째 줄에 격자의 세로의 크기 N과 가로의 크기 M이 공백을 두고 주어진다.(3≤N,M≤50)

두 번째 줄에 최초 로봇 쥐가 있는 좌표(R, C)와 최초 바라보는 방향 D가 각각 공백을 두고 주어진다. R과 C는 행과 열을 의미하고, D가 0인 경우에는 북쪽을, 1인 경우에는 동쪽을, 2인 경우에는 남쪽을, 3인 경우에는 서쪽을 바라보고 있음을 의미한다.

세 번째 줄부터 N개의 줄에 걸쳐 격자의 상태가 공백을 두고 주어진다. 좌측 위의 위치는 1행 1열 즉, (1,1)이며, 각 칸의 값이 0일 경우 빈칸, 1인 경우 벽을 의미한다. 또한, 격자의 외곽을 벽으로 둘러 쌓여 있고, 최초 로봇 쥐의 위치는 빈칸(값이 0)임이 보장된다.

[출력]

각 줄마다 "#T"(T는 테스트케이스 번호)를 출력한 뒤, 로봇 쥐가 멈출 때까지 총 이동한
횟수를 출력하시오.

[sample input]
```
3
4 4
2 2 2
1 1 1 1
1 0 0 1
1 0 0 1
1 1 1 1
3 4
2 3 0
1 1 1 1
1 0 0 1
1 1 1 1
8 7
4 5 0
1 1 1 1 1 1 1
1 0 0 0 0 0 1
1 0 0 0 0 1 1
1 1 0 1 0 1 1
1 0 0 0 0 0 1
1 0 1 1 0 0 1
1 0 0 0 0 0 1
1 1 1 1 1 1 1
```

[sample output]
```
#1 4
#2 2
#3 30
```

[1번 예제 설명]

아래 그림처럼 (2,2)→(3,2)→(3,3)→(2,3)→(후진) (3,3) 총 4번 이동한다.

1	**1**	**1**	**1**
1	**0**	**0**	**1**
1	**0**	**0**	**1**
1	**1**	**1**	**1**

[문제 5-1-3. 로봇 쥐] 문제 접근법

실제 시험에서 나올만한 난이도의 문제로 앞서 풀어본 1,2번 문제와 달리 지문을 대충 읽고 문제에 접근했다가는 함정에 빠지기 쉬운 문제이다. 이번 문제에서는 자주 사용되는 4방향(동, 서, 남, 북) 탐색을 반복문으로 편리하게 구현하는 방법에 대해 고민하고 문제를 풀길 바란다. 물론, 4개의 방향을 4개의 조건문으로 해결해도 무관하나 모범 코드에 있는 반복문을 이용한다면 간편하고, 무엇보다 오타로 인한 실수를 줄일 수 있다.

문제에서 각 칸의 상태는 벽, 로봇 쥐가 머물렀던 곳, 로봇 쥐가 아직 머무르지 않은 곳, 총 세 가지가 주어진다. 벽과 로봇 쥐가 머물렀던 곳은 로봇 쥐가 전진할 수 없지만 로봇 쥐가 머물렀던 곳은 벽과 다르게 후진으로는 지나갈 수 있다는 점에 주의해야 한다.

따라서 각 칸의 상태를 로봇 쥐가 지나갈 수 없는 곳과 지나갈 수 있는 곳 두 가지로 구별하는 것이 아니라 위의 설명처럼 총 세 가지로 구분하여 문제를 풀어나가야 한다.

만약 모범코드 중간에 이해가 되지 않는 부분이 있으면 앞서 언급한 디버깅 툴을 이용해 해당 부분이 어떻게 수행되는지를 확인해 보는 것도 좋은 방법이다.

[문제 5-1-3. 로봇 쥐] **모범 코드**

C++

```
1  #include <stdio.h>
2
3  // 북[-1,0], 동[0,1], 남[1,0], 서[0,-1]
4  int dr[] = { -1,0,1,0 };
5  int dc[] = { 0,1,0,-1 };
6  int T;
7  int N, M;
8  int R, C, D;
9  int MAT[51][51];
10 int main() {
11     scanf("%d", &T);
12     for (int test_case = 1; test_case <= T; test_case ++) {
13         scanf("%d %d", &N, &M);
14         scanf("%d %d %d", &R, &C, &D);
15         for (int i = 1; i <= N; i ++) {
16             for (int j = 1; j <= M; j ++) {
17                 scanf("%d", &MAT[i][j]);
18             }
19         }
20         int Answer = 0;
21         while (true) {
22             MAT[R][C] = 2;
23             int next_R = R; // 다음 행
24             int next_C = C; // 다음 열
25             int next_D = D; // 다음 방향
26             for (int i = 1; i <= 4; i ++) {
27                 next_R = R + dr[next_D];
28                 next_C = C + dc[next_D];
29                 // 다음 위치로 이동할 수 있는 경우
30                 if (MAT[next_R][next_C] == 0) {
31                     break;
32                 }
33                 // 다음 위치로 이동할 수 없는 경우 방향전환
34                 else {
35                     next_D = (next_D + 1) % 4;
36                 }
37             }
38             // 네 방향 중 이동 가능한 곳이 있는 경우
```

```
39                if (MAT[next_R][next_C] == 0) {
40                    R = next_R;
41                    C = next_C;
42                    D = next_D;
43                    Answer++;
44                }
45                // 네 방향 모두 진행이 불가능한 경우
46                else {
47                    // 최초 방향의 반대 방향을 설정
48                    int prev_D = (D + 2) % 4;
49                    int prev_R = R + dr[prev_D];
50                    int prev_C = C + dc[prev_D];
51                    // 뒤로 이동할 수 있는 경우
52                    if (MAT[prev_R][prev_C] != 1) {
53                        R = prev_R;
54                        C = prev_C;
55                        Answer++;
56                    }
57                    // 뒤로 이동할 수 없는 경우 종료
58                    else {
59                        break;
60                    }
61                }
62            }
63        printf("#%d %d\n", test_case, Answer);
64    }
65 }
```

JAVA

```java
import java.util.Scanner;

public class Solution {
    // 북[-1,0], 동[0,1], 남[1,0], 서[0,-1]
    static int dr[] = { -1, 0, 1, 0 };
    static int dc[] = { 0, 1, 0, -1 };
    static int T;
    static int N, M;
    static int R, C, D;
    static int MAT[][] = new int[51][51];

    public static void main(String[] args) {
        Scanner sc = new Scanner(System.in);
        T = sc.nextInt();
        for (int test_case = 1; test_case <= T; test_case ++) {
            N = sc.nextInt();
            M = sc.nextInt();
            R = sc.nextInt();
            C = sc.nextInt();
            D = sc.nextInt();
            for (int i = 1; i <= N; i ++) {
                for (int j = 1; j <= M; j ++) {
                    MAT[i][j] = sc.nextInt();
                }
            }
            int Answer = 0;
            while (true) {
                MAT[R][C] = 2;
                int next_R = R; // 다음 행
                int next_C = C; // 다음 열
                int next_D = D; // 다음 방향
                for (int i = 1; i <= 4; i ++) {
                    next_R = R + dr[next_D];
                    next_C = C + dc[next_D];
                    // 다음 위치로 이동할 수 있는 경우
                    if (MAT[next_R][next_C] == 0) {
                        break;
                    }
                    // 다음 위치로 이동할 수 없는 경우 방향전환
                    else {
```

```
41                          next_D = (next_D + 1) % 4;
42                      }
43                  }
44              // 네 방향 중 이동 가능한 곳이 있는 경우
45              if (MAT[next_R][next_C] == 0) {
46                  R = next_R;
47                  C = next_C;
48                  D = next_D;
49                  Answer++;
50              }
51              // 네 방향 모두 진행이 불가능한 경우
52              else {
53                  // 최초 방향의 반대 방향을 설정
54                  int prev_D = (D + 2) % 4;
55                  int prev_R = R + dr[prev_D];
56                  int prev_C = C + dc[prev_D];
57                  // 뒤로 이동할 수 있는 경우
58                  if (MAT[prev_R][prev_C] != 1) {
59                      R = prev_R;
60                      C = prev_C;
61                      Answer++;
62                  }
63                  // 뒤로 이동할 수 없는 경우 종료
64                  else {
65                      break;
66                  }
67              }
68          }
69          System.out.println("#" + test_case + " " + Answer);
70      }
71  }
72 }
```

Summary

- for문은 for(초기부; 조건부; 증감부){ 내용 }의 형태로 이루어져 있으며 각각의 부분이 어떤 역할을 하는지, while문과의 차이가 어느 부분에 있는지를 꼭 알아두도록 하자.

- for문에서 유용하게 사용할 수 있는 break, continue(C++의 경우 goto문 까지)를 연습해 보도록 하자.

- if문에서는 if/if문과 if/else if문의 차이에 대해 숙지하고, 상황에 맞게 사용하는 연습을 하자.

- 문제를 읽는 시간을 아까워하지 말고 반드시 꼼꼼히 읽고 이해하는 습관을 들이자. 문제 읽는 시간 몇 분 줄이려다 몇 시간 동안 헤매는 수가 있다.

- 문제에서 주어진 [제한조건]만 너무 신뢰하지 말자. [제한조건]에 주어지지 않더라도 우리가 주의해야 할 사항이 있을 수 있다. 특히 계산과정이나 정답이 int의 범위를 넘어갈 수 있는지 미리 계산해 보도록 하자.

- 시험에서 자주 출제되는 문제 중 하나인 격자탐색 관련 문제를 해결할 때 써먹을 수 있는 dr[], dc[] 배열을 이용한 4방향 탐색 방법을 숙지하자. 코딩의 양을 줄일 수 있는 것은 물론 오타로 인한 실수를 막을 수 있다.

5-2. 그래프 이론(Graph Theory)

그래프는 정점(vertex)과 정점들을 연결하는 간선(edge)의 집합이다. 그래프는 간선의 방향 여부에 따른 방향 그래프(directed graph)와 무방향 그래프(undirected graph), 간선 간에 순환이 가능한지 여부에 따른 순환 그래프(cyclic graph)와 비순환 그래프(acyclic graph), 가중치가 있는 간선으로 구성된 가중 그래프(weighted graph) 등으로 분류할 수 있다.

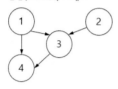
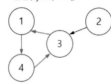
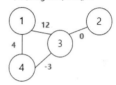

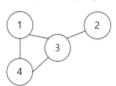
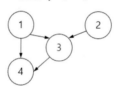

[그림 그래프의 종류]

그래프의 간선을 표현하는 방법은 간선 표, 인접 배열, 인접 리스트의 크게 세 가지 방법으로 나눌 수 있다.

- **간선표** : 연결된 두 정점을 나타낸 것으로, 일반적으로 우리가 문제를 풀 때 주어지는 from과 to의 형태로 주어진다. 간선표를 가지고 직접 문제를 해결하기보다는 다음에 소개할 인접 배열이나 인접 리스트로 재가공하여 사용하는 것이 일반적이다.

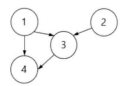

From	To
1	3
3	4
2	3
1	4

[간선표]

- **인접 배열** : 정점 간의 관계를 2차원 배열로 나타낸 것이다. 인접 배열의 장점은 임의의 두 정점 i와 j를 잇는 간선($i \rightarrow j$)이 존재하는지 여부를 인접 배열의 (i, j)의 값을 통해 상수시간만에 알 수 있다는 것이다.

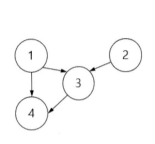

To From	1	2	3	4
1	X	X	O	O
2	X	X	O	X
3	X	X	X	O
4	X	X	X	X

[인접 배열]

반면 인접 배열을 구성하기 위해선 '정점의 개수(V) × 정점의 개수(V)'만큼의 메모리 공간이 필요하다는 단점이 있다. 만약 정점의 개수가 10,000개만 되더라도 최소 1억 개의 배열이 필요하다. 우리가 자주 사용하는 int자료형으로 배열을 만들었을 경우 약 760MB 이르는 큰 사이즈로, 일반적인 알고리즘 문제의 메모리 제약조건을 벗어나게 된다.

- **인접 리스트** : 출발 정점을 기준으로 도착 정점들을 리스트 형태로 나열하는 방법이다.

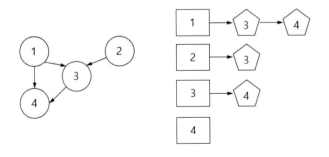

[인접 리스트]

1번 정점을 출발점으로 하는 간선은 $1 \rightarrow 3$, $1 \rightarrow 4$가 있으므로 도착 정점인 3과 4를 1번 리스트에 추가해준다. 마찬가지로 $2 \rightarrow 3$은 2번 리스트에 3을, $3 \rightarrow 4$는 3번 리스트에 4를 추가해준다.

인접 리스트는 인접 배열과 다르게 두 정점 간의 연결 상태를 확인하기 위해선 리스트를 하나씩 따라가 봐야 하므로 O(N)의 시간복잡도가 소요되는 단점이 있다. 하지만 인접리스트를 구성할 땐 공간복잡도가 간선의 개수(E)에 의존한다는 장점이 있다. 물론 모든 정점이 연결된 완전 그래프(Complete Graph)같은 경우는 $E \simeq V^2$이기 때문에 인접배열과 같은 공간 복잡도를 가지지만, 완전 그래프의 형태를 나타내는 그래프 문제는 출제될 가능성이 매우 희박하다. 일반적으로 그래프 문제의 제약조건은 $E < V^2$으로 주어지기 때문에 인접 배열을 사용할 수 없는 문제라면 인접 리스트를 구성하여 문제를 해결하도록 하자.

따라서 그래프 문제를 다룰 때, 제한조건이 인접 배열을 구성할 수 있는 크기의 정점 개수라면 가능한 인접배열을 만들고, 그렇지 않으면 인접 리스트를 구성하여 문제를 풀도록 한다.

인접 배열은 2차원 배열을 통해 나타낼 수 있고, 인접 리스트는 C++의 경우 vector, JAVA의 경우 ArrayList를 통해 나타낼 수 있다.

다음 문제를 통해 간선표를 인접 배열과 인접 리스트로 바꾸는 연습을 해보자.

[문제 5-2-1. 인접배열과 인접리스트]

힙, 정적 메모리 모두 합쳐서 256MB이내, 스택 메모리 1MB 이내
제한시간 C/C++ : 1.5초 이내, JAVA : 2.5초 이내

1부터 N까지의 번호가 있는 정점들과 이 정점들을 잇는 간선들로 이루어진 방향 그래프 (directed graph)가 있다. 이 정점들 간의 관계를 인접 배열과 인접 리스트로 구성하여 아래의 규칙대로 출력하는 프로그램을 작성하시오.

[인접 배열]
- 각 줄에 N개의 숫자를 공백을 두고 N줄에 걸쳐 출력한다.
- i번째 줄의 j번째 숫자에는 i번 정점과 j번 정점 사이에 직접 연결된 간선이 있을 경우 1을, 없을 경우 0을 출력한다.

[인접 리스트]
- 각 줄에 최대 N개의 숫자를 공백을 두고 N줄에 걸쳐 출력한다
- i번째 줄에는 i번 정점과 연결된 정점의 번호를 출력한다. 단, 연결된 정점의 순서는 신경 쓰지 않는다.

[입력]
첫 번째 줄에 테스트케이스의 수 T(1≤T≤50)가 주어진다.

각 테스트케이스마다 첫 번째 줄에 정점의 수 N과 간선의 수 M이 공백을 두고 주어진다.(1≤N≤100, 1≤M≤min(2,000, N×(N-1))) 두 번째 줄부터 M줄에 걸쳐 간선이 연결하는 두 개의 정점을 공백을 두고 주어진다. 단, 두 정점이 같은 값으로 주어지는 경우는 없으며, 기존에 주어진 간선이 중복해서 다시 주어지는 경우는 없다.

[출력]
각 줄마다 "#T"(T는 테스트케이스 번호)를 출력한 뒤, 두 번째 줄부터 N줄에 걸쳐 인접 배열을 출력하고, 그다음 N+2번째 줄부터 N줄에 걸쳐 각 정점에 연결된 정점들의 리스트, 인접리스트를 출력한다.

[sample input]
2
4 3
1 4
3 2
2 1
5 5
4 3
3 4
2 4
1 3
4 1

[sample output]
#1
0 0 0 1
1 0 0 0
0 1 0 0
0 0 0 0
4
1
2

#2
0 0 1 0 0
0 0 0 1 0
0 0 0 1 0
1 0 1 0 0
0 0 0 0 0
3
4
4
3 1

[문제 5-2-1. 인접배열과 인접리스트] 모범 코드

C++

```
 1  #include <stdio.h>
 2  #include <vector>
 3
 4  using namespace std;
 5
 6  int T, N, M,A,B;
 7  int MAT[101][101]; // 인접배열
 8  vector <int > v_list[101]; //인접리스트
 9  int main() {
10      scanf("%d", &T);
11      for (int test_case = 1; test_case <= T; test_case++) {
12          scanf("%d %d", &N, &M);
13          // 인접배열 초기화
14          for (int i = 1; i <= N; i++) {
15              for (int j = 1; j <= N; j ++) {
16                  MAT[i][j] = 0;
17              }
18          }
19          // 인접리스트 초기화
20          for (int i = 1; i <= N; i++) {
21              v_list[i].clear();
22          }
23          for (int i = 1; i <= M; i++) {
24              scanf("%d %d", &A, &B);
25              MAT[A][B] = 1;
26              v_list[A].push_back(B);
27          }
28          printf("#%d\n", test_case);
29          for (int i = 1; i <= N; i++) {
30              for (int j = 1; j <= N; j ++) {
31                  printf("%d ", MAT[i][j]);
32              }
33              printf("\n");
34          }
35          for (int i = 1; i <= N; i++) {
36              for (int j = 0; j < v_list[i].size(); j ++) {
37                  printf("%d ", v_list[i][j]);
38              }
39              printf("\n");
40          }
41      }
42  }
```

JAVA

```java
import java.util.ArrayList;
import java.util.Scanner;

public class Solution {
    static int T, N, M, A, B;
    // 인접배열
    static int MAT[][] = new int[101][101];
    // 인접 리스트
    static ArrayList <Integer> v_list[] = new ArrayList[101];

    public static void main(String[] args) {
        Scanner sc = new Scanner(System.in);
        for(int i = 1; i <= 100; i++) {
            v_list[i] = new ArrayList <Integer>();
        }
        T = sc.nextInt();
        for (int test_case = 1; test_case <= T; test_case++) {
            N = sc.nextInt();
            M = sc.nextInt();
            // 인접배열 초기화
            for (int i = 1; i <= N; i++) {
                for (int j = 1; j <= N; j++) {
                    MAT[i][j] = 0;
                }
            }
            // 인접리스트 초기화
            for (int i = 1; i <= N; i++) {
                v_list[i].clear();
            }
            for (int i = 1; i <= M; i++) {
                A = sc.nextInt();
                B = sc.nextInt();
                MAT[A][B] = 1;
                v_list[A].add(B);
            }
            System.out.println("#" + test_case);
            for (int i = 1; i <= N; i++) {
                for (int j = 1; j <= N; j++) {
                    System.out.print(MAT[i][j] + " ");
                }
                System.out.println();
```

```
42                    }
43            for (int i = 1; i <= N; i ++) {
44                for (int j = 0; j < v_list[i].size(); j++) {
45                    System.out.print(v_list[i].get(j) + " ");
46                }
47                System.out.println();
48            }
49        }
50    }
51  }
```

위 문제를 풀 때, 가장 주의해야 할 점은 바로 "초기화" 부분이다. 삼성 소프트웨어 역량테스트는 같은 문제를 여러 테스트케이스에 대해 반복 수행하기 때문에, 만약 초기화를 하지 않고 문제를 풀면 엉뚱한 결과를 얻을 수가 있다. 위의 문제의 2번 sample output의 결과가 아래와 같이 출력되었다면, 초기화 부분을 다시 한 번 살펴보자. 시험장에서 초기화는 절대로 잊어서는 안되는 중요한 부분이다.

```
#2
0 0 1 1 0
1 0 0 1 0
0 1 0 1 0
1 0 1 0 0
0 0 0 0 0
4 3
1 4
2 4
3 1
```

[초기화를 하지 않은 경우, sample input 2번의 잘못된 output]

우리가 다음 두 장에서 다룰 깊이 우선 탐색과 너비 우선 탐색은 그래프 이론의 대표적인 알고리즘이다. 이 알고리즘들은 소위 말하는 완전 탐색을 위한 알고리즘이라고도 불리지만, 두 알고리즘의 쓰임새가 다르므로 반드시 두 가지 알고리즘 모두 알아두도록 하자.

Summary

- 정점과 간선이 있는 그래프 문제를 풀 땐, 주어지는 간선정보를 인접 배열로 만들 것인지 인접 리스트로 만들 것인지를 결정하는 것부터 시작한다. 우선 인접 배열을 만들 충분한 메모리가 제한조건에 주어진다면 인접 배열을 사용하고, 그렇지 못한 경우 인접 리스트를 만들어 사용한다.

- 인접 배열은 임의의 두 정점 i와 j 사이의 간선이 존재하는지 여부를 상수 시간복잡도만에 찾을 수 있다는 장점이 있지만, 메모리가 정점의 제곱(V^2)만큼 필요하다는 단점이 있다.

- 인접 리스트는 임의의 두 정점 i와 j 사이의 간선이 존재하는지 여부를 파악하려면 O(N)이라는 시간이 소요되지만, 메모리가 간선 수(E) 만큼만 필요하다는 장점이 있다. ($E \leq V^2$이지만, 일반적으로 알고리즘 문제에서는 E가 V^2보다 매우 작다)

- 인접 배열과 인접 리스트 모두 임의의 정점에 연결된 간선을 탐색하는데 있어서는 시간복잡도 O(N)으로 동일하다.

- 모든 알고리즘 문제에서 매 테스트케이스마다 초기화가 필요하지만, 특히 인접 배열과 인접 리스트를 사용하는 그래프 문제에서는 반드시 초기화를 해주어야 한다.

5-2-1. 깊이 우선 탐색(Depth First Search, DFS)

깊이 우선 탐색은 아래 그림처럼 트리나 그래프를 탐색하는 알고리즘 중 하나로, 한 정점(혹은 root)에서 출발하여 가능한 멀리까지 탐색하는 방법이다.

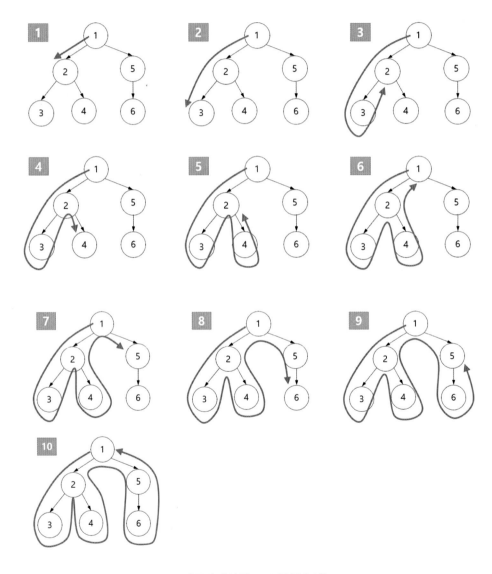

[트리에서의 DFS 탐색순서]

DFS는 다음에 배울 너비 우선 탐색(BFS)와 다르게 지나온 경로를 쉽게 파악할 수 있다는 장점이 있으며 앞에서 배운 자료구조 스택(Stack)이나 재귀함수 (Recursion Function)를 이용해 구현할 수 있다. 두 가지 방법 중에서는 재귀함수를 이용하여 구현하는 방법이 더 쉽고 직관적이기 때문에 재귀함수를 통해 구현하는 방법을 소개하도록 하겠다.

[DFS Sample Code]

```
1  void dfs(int idx, int depth){
2      // 종료조건
3      if(depth == N){
4      }
5      // 탐색조건
6      else{
7          for(int i = 1; i <= N; i ++){
8              // 기존에 방문한 정점이 아니고
9              // 현재 정점과 연결된 정점인 경우만 탐색
10             if(visited[i] == 0 && MAT[idx][i]){
11                 // i번째 정점을 방문
12                 visited[i] = 1;
13                 dfs(i, depth+1);
14                 // 탐색이 끝나면 해제
15                 visited[i] = 0;
16             }
17         }
18     }
19 }
```

기본적으로 재귀함수로 구현하는 DFS는 위 코드처럼 현재 위치(idx)와 깊이(depth)를 기본적인 인자로 가지고, 필요에 따라 인자를 추가해 준다. 함수 내부는 종료조건과 탐색조건 두 부분으로 나눌 수 있고, 종료조건은 문제의 내용을 보고 설정해주도록 한다. 탐색조건은 기존에 방문한 정점(지나온 정점)이 아닐 경우에만 재귀함수를 호출하여 탐색하도록 한다. 만약 기존에 방문한 정점을 다시 탐색할 경우 무한루프에 빠지게 되므로 꼭 유의하자.

DFS알고리즘은 삼성 소프트웨어 역량테스트에서 가장 많이 출제되는 분야로 기출문제의 절반에 가까운 문제들이 DFS알고리즘을 통해 푸는 문제들이었다. 재귀함수를 처음 접하는 수험생들에겐 생소할 수 있지만 시험에 자주 출제되는 알고리즘인 만큼 반드시 위 코드를 이해하고 DFS문제를 풀어보도록 하자.

[문제 5-2-2. 순열 출력하기]

힙, 정적 메모리 모두 합쳐서 256MB이내, 스택 메모리 1MB 이내
제한시간 C/C++ : 2초 이내, JAVA : 2.5초 이내

　　1부터 N까지의 수를 임의로 배열한 순열을 앞 수를 우선하여 오름차순 순서대로 출력하는 프로그램을 작성하시오.

　　예를 들어　N=3인 경우 {1, 2, 3}, {1, 3, 2}, {2, 1, 3}, {2, 3, 1}, {3, 1, 2}, {3, 2, 1}의 순서로 생각할 수 있다. 첫 번째 수가 작은 것이 순서상에서 앞서며, 첫 번째 수가 같으면 두 번째 수가 작은 것이, 두 번째 수도 같으면 세 번째 수가 작은 것을 먼저 출력한다.

[입력]
　　첫 번째 줄에 테스트케이스의 수 T(1≤T≤5)가 주어진다.
　　각 테스트케이스마다 숫자의 범위 N(3≤N≤6)가 주어진다.

[출력]
　　각 줄마다 "#T"(T는 테스트케이스 번호)를 출력한 뒤, 두 번째 줄부터 N!(N×(N-1)×...×1)줄에 걸쳐 순열을 순서대로 출력한다. 순열은 각 숫자 사이에 공백을 두고 출력한다.

[sample input]
2
3
4

[sample output]
#1
1 2 3
1 3 2
2 1 3
2 3 1
3 1 2

```
3 2 1
#2
1 2 3 4
1 2 4 3
1 3 2 4
1 3 4 2
1 4 2 3
1 4 3 2
2 1 3 4
2 1 4 3
2 3 1 4
2 3 4 1
2 4 1 3
2 4 3 1
3 1 2 4
3 1 4 2
3 2 1 4
3 2 4 1
3 4 1 2
3 4 2 1
4 1 2 3
4 1 3 2
4 2 1 3
4 2 3 1
4 3 1 2
4 3 2 1
```

[문제 5-2-2. 순열 출력하기] 문제 접근법

앞에서 말한 것처럼 재귀함수를 이용한 DFS의 구현은 함수의 인자와 종료조건을 결정하는 것부터 시작한다. N개의 숫자를 모두 고르면 더 이상 숫자를 고르지 않고 종료하기 때문에, N개의 숫자를 모두 고르는 순간이 종료조건이 된다. 인자로 필요한 것은 종료조건을 판단하기 위한 depth만 있으면 된다. 아래 그림은 N이 3일 때의 모습을 트리형태로 도식화한 것이다.

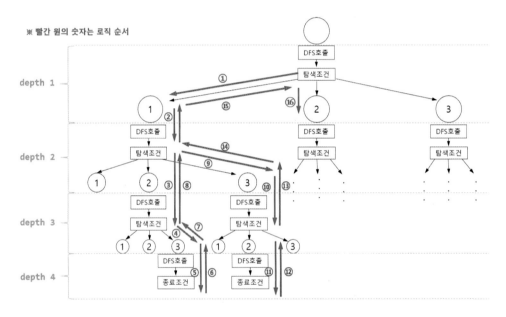

[그림 순열 출력하기]

[문제 5-2-2. 순열 출력하기] **모범 코드**

C++

```c++
1   #include <stdio.h>
2
3   int T, N;
4   // i번째 숫자를 이미 선택했는지 여부를 체크할 배열
5   // i숫자를 이미 선택한 경우 visited[i] = 1
6   // i숫자를 아직 선택하지 않은 경우 visited[i] = 0
7   int visited[7];
8   int Answer[7];
9
10  void dfs(int depth) {
11      // 종료조건
12      if (depth == N +1) {
13          for (int i = 1; i <= N; i++) {
14              printf("%d ", Answer[i]);
15          }
16          printf("\n");
17      }
18      // 탐색조건
19      else {
20          for (int i = 1; i <= N; i++) {
21              // 아직 선택하지 않은 숫자i를 고른다.
22              if (visited[i] == 0) {
23                  visited[i] = 1;
24                  Answer[depth] = i;
25                  dfs(depth + 1);
26                  // 탐색이 끝나면 숫자i를 선택하기 전 상황으로 원복
27                  visited[i] = 0;
28                  Answer[depth] = 0;
29              }
30          }
31      }
32  }
33
34  int main() {
35      scanf("%d", &T);
36      for (int test_case = 1; test_case <= T; test_case ++) {
37          scanf("%d", &N);
38          // visited배열 초기화
```

```
39          for (int i = 1; i <= N; i ++) {
40              visited[i] = 0;
41          }
42          printf("#%d\n", test_case);
43          dfs(1);
44      }
45  }
```

JAVA

```java
1   import java.util.Scanner;
2
3   public class Solution {
4
5       static int T, N;
6       // i번째 숫자를 이미 선택했는지 여부를 체크할 배열
7       // i숫자를 이미 선택한 경우 visited[i] = 1
8       // i숫자를 아직 선택하지 않은 경우 visited[i] = 0
9       static int visited[] = new int[7];
10      static int Answer[] = new int[7];
11
12      public static void dfs(int depth) {
13          // 종료조건
14          if (depth == N + 1) {
15              for (int i = 1; i <= N; i ++) {
16                  System.out.print(Answer[i] + " ");
17              }
18              System.out.println();
19          }
20          // 탐색조건
21          else {
22              for (int i = 1; i <= N; i ++) {
23                  // 아직 선택하지 않은 숫자i를 고른다.
24                  if (visited[i] == 0) {
25                      visited[i] = 1;
26                      Answer[depth] = i;
27                      dfs(depth + 1);
28                      // 탐색이 끝나면 숫자i를 선택하기 전 상황으로 원복
29                      visited[i] = 0;
30                      Answer[depth] = 0;
31                  }
32              }
33          }
34      }
35
36      public static void main(String[] args) {
37          Scanner sc = new Scanner(System.in);
38          T = sc.nextInt();
39          for (int test_case = 1; test_case <= T; test_case++) {
40              N = sc.nextInt();
```

```
41              // visited배열 초기화
42              for (int i = 1; i <= N; i ++) {
43                  visited[i] = 0;
44              }
45              System.out.println("#" + test_case);
46              dfs(1);
47          }
48      }
49  }
```

수험생들이 가장 많이 어려워하는 것 가운데 하나가 탐색이 끝난 후 초기화를 하는 부분이다(C++코드 27,28번째 줄, JAVA 코드 29,30번째 줄). 탐색이 끝나면 탐색하기 전 상태로 되돌리는 코드로, 아래 [그림]에서 역방향(아래에서 위로) 화살표들이 수행하는 부분이다.

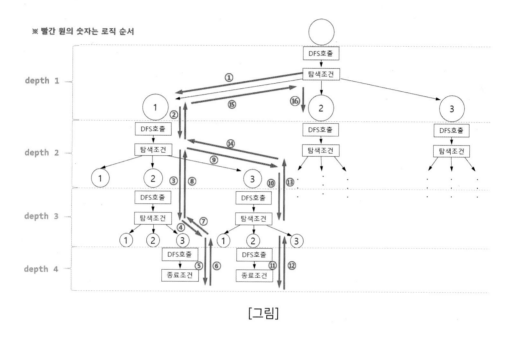

[그림]

⑤번 화살표의 로직까지 수행되었을 경우 visited[1] = 1, visited[2] = 1, visited[3] = 1인 상태로 종료조건을 수행하고 함수를 빠져나올 텐데, 만약 visited[3] = 0으로 초기화하지 않는다면 ⑨번 화살표가 수행될 수 없을 것이다.

위의 경우와 다르게 재귀함수 호출이 끝난 후 visited 함수를 초기화하지 않아야 하는 경우가 있는데, 보통 그래프에서의 탐색 또는 위상정렬 (Topological Sort)을 필요로 하는 문제에서 쓰인다.

일반적으로 완전 탐색을 수행하는 DFS알고리즘의 시간복잡도는 N!(N×(N-1)×...×1)으로 만약 N의 값이 12만 되더라도 연산 횟수는 4억번 이상이다. 보통 알고리즘 문제의 제한시간이 5초 미만임을 생각하면 상당히 큰 시간이 소요됨을 알 수 있다. 따라서 완전탐색을 위한 DFS알고리즘을 통해 문제를 풀려고 한다면 반드시 시간복잡도에 대한 계산을 하고 나서 코딩을 시작하여야 한다.

[문제 5-2-3. 방탈출 게임1]

힙, 정적 메모리 모두 합쳐서 256MB이내, 스택 메모리 1MB 이내
제한시간 C/C++ : 2초 이내, JAVA : 2.5초 이내

유진이는 방탈출게임 지역대회에 참가하였다. 이 게임은 1부터 N번까지 번호가 매겨진 N개의 방 안에서 출구를 찾아가는 게임이다. N번째 방을 제외한 각 방마다 하나의 포탈을 가지고 있고, 이 포탈을 통해서만 방과 방 사이를 이동할 수 있다. 포탈은 단방향으로만 이동이 가능하며 포탈을 한번 이용할 때마다 100점의 점수를 얻게 된다. 게임을 시작하는 방은 출구인 M번째 방을 제외한 어떤 방에서든 시작할 수 있다. 유진이가 이 게임에서 얻을 수 있는 최대 점수를 출력하는 프로그램을 작성하시오.

[제한조건]
- i번째 방의 포탈은 a_i번째 방으로 이동하는데, 이때 a_i의 값은 $i < a_i \leq N$을 만족한다.
- 포탈을 지나면서 얻은 점수는 출구인 M번째 방에 도달한 경우에만 점수로 인정된다.
- 포탈은 단방향으로만 이동이 가능하다. 즉 i번째 방에서 a_i번째 방으로 이동은 가능하지만, a_i번째 방에서 i번째 방으로의 이동은 불가능하다.

[입력]
첫 번째 줄에 테스트케이스의 수 $T(1 \leq T \leq 10)$가 주어진다.

각 테스트케이스의 첫 번째 줄에는 방의 수 $N(3 \leq N \leq 10^3)$과 출구 $M(2 \leq M \leq N)$이 공백을 두고 주어진다.

다음 줄에는 1번방부터 N-1번째 방에 있는 포탈로 이동할 수 있는 방 번호 $a_i(i < a_i \leq N)$가 공백을 두고 주어진다.

[출력]
각 줄마다 "#T"(T는 테스트케이스 번호)를 출력한 뒤, 공백을 두고 유진이가 얻을 수 있는 최대점수를 출력한다. 만약, 출구로 갈 방법이 없다면 -1을 출력한다.

[sample input]
3

```
8 4
2 4 4 6 6 9 9
8 5
5 3 4 5 8 8 8
8 5
4 3 4 6 8 7 8

[sample output]
#1 2
#2 3
#3 -1
```

[문제 5-2-3. 방탈출 게임1] 문제 접근법

이 문제는 각 방마다 하나의 단방향 포탈이 있고, 출구인 M번째 방을 제외한 모든 방에서 출발할 수 있다. 따라서 가장 연산 횟수가 많은 경우인 탈출구가 N번째 방에 있고, 모든 포탈이 다음 방 번호를 가리키는 경우를 생각해보자. 1번방에서 출발시 1 → 2 → ... → N(총 N번 이동), 2번방에서 출발시 2 → 3 → ... → N(총 N-1번 이동), ... 따라서 총 연산 횟수는 N+(N-1)+...+1 = $\dfrac{N(N-1)}{2}$ 이므로, 시간복잡도는 $O(N^2)$이 된다. N의 최대범위가 10^3이므로, 각 테스트케이스별 최대 연산 횟수는 대략 10^6, 즉 제한시간 내에 수행 가능한 알고리즘임을 알 수 있다.

각 방에서 출발하여 도착지까지 계속 반복해서 포탈 이동을 수행해야 하므로 앞에서 배운 DFS 재귀함수나 반복문을 통해 문제를 해결할 수 있다. DFS 재귀함수를 통해 구현한다면, 현재 위치와 최종적으로 점수계산에 필요한 누적점수 두 가지의 인자를 이용해 함수를 구현할 수 있다. 또한, 포탈은 더 큰 숫자의 방으로만 이동하기 때문에 출구보다 큰 숫자의 방으로 이동하는 포탈이 있다면, 굳이 불필요한 탐색을 하지 않아도 된다. 이를 가지치기(Pruning)라고 하는데, 시간복잡도가 큰 DFS함수 특성상 가지치기를 통해 수행시간을 크게 단축할 수 있으니 꼭 기억해두자.

[문제 5-2-3. 방탈출 게임1] **모범 코드**

C++

```cpp
#include <stdio.h>

int T, N, M;
int P[3001]; // P[i] : i번째 방의 포탈
int Answer;
void dfs(int idx, int sum) {
    // 종료조건
    if (idx == M) {
        if (sum > Answer) {
            Answer = sum;
        }
    }
    // 탐색조건
    else {
        if (P[idx] <= M) { // 가지치기
            dfs(P[idx], sum + 1);
        }
    }
}
int main() {
    scanf("%d", &T);
    for (int test_case = 1; test_case <= T; test_case++) {
        scanf("%d%d", &N, &M);
        for (int i = 1; i <= N -1; i++) {
            scanf("%d", &P[i]);
        }
        // 출구를 찾지 못한다면 -1
        Answer = -1;
        // i번째 포탈은 i보다 큰 방으로 이동하므로
        // 출구보다 큰 방번호는 살펴볼 필요가 없다
        for (int i = 1; i < M; i++) {
            dfs(i, 0);
        }
        printf("#%d %d\n", test_case, Answer);
    }
}
```

JAVA

```java
1   import java.util.Scanner;
2
3   public class Solution {
4
5       static int T, N, M;
6       // P[i] : i번째 방의 포탈
7       static int P[] = new int[3001];
8       static int Answer;
9
10      public static void dfs(int idx, int sum) {
11          // 종료조건
12          if (idx == M) { // 가지치기
13              if (sum > Answer) {
14                  Answer = sum;
15              }
16          }
17          // 탐색조건
18          else {
19              if (P[idx] <= M) {
20                  dfs(P[idx], sum + 1);
21              }
22          }
23      }
24      public static void main(String[] args) {
25          Scanner sc = new Scanner(System.in);
26          T = sc.nextInt();
27          for (int test_case = 1; test_case <= T; test_case++) {
28              N = sc.nextInt();
29              M = sc.nextInt();
30              for (int i = 1; i <= N - 1; i ++) {
31                  P[i] = sc.nextInt();
32              }
33              // 출구를 찾지 못한다면 -1
34              Answer = -1;
35              // i번째 포탈은 i보다 큰 방으로 이동하므로
36              // 출구보다 큰 방번호는 살펴볼 필요가 없다
37              for (int i = 1; i < M; i ++) {
38                  dfs(i, 0);
39              }
40              System.out.println("#" + test_case + " " + Answer);
41          }
42      }
43  }
```

[문제 5-2-4. 외판원 순회]

힙, 정적 메모리 모두 합쳐서 256MB이내, 스택 메모리 1MB 이내
제한시간 C/C++ : 2초 이내, JAVA : 2.5초 이내

1번부터 N번까지 번호가 매겨져 있는 도시가 있고, 도시들 사이에 길이 있는 경우에만 이동할 수 있다. 여행을 좋아하는 종민이는 M번 도시에서 출발하여 출발지를 제외한 모든 도시를 정확히 한 번씩만 방문한 후 처음 출발지인 M번 도시로 돌아오려 한다. 이때 도시들 사이의 길을 지나갈 때 지불해야 하는 통행료가 있어, 종민이는 최소한의 비용으로 모든 도시를 여행하고 싶다. 종민이가 모든 도시를 여행할 때 필요한 최소비용을 출력하는 프로그램을 작성하시오.

[입력]

첫 번째 줄에 테스트케이스의 수 T(1≤T≤10)가 주어진다.

각 테스트케이스마다 첫 번째 줄에는 도시의 수 N과 출발지 M이 공백을 두고 주어진다 (3≤N≤10, 1≤M≤N). 다음 N개의 줄에는 각 줄에 N개의 숫자들이 공백을 두고 주어지는데 i번째 줄의 j번째 숫자는 i번째 도시에서 j번째 도시로 가는데 드는 통행료 MAT[i][j]를 의미한다. 만약 통행료가 0인 경우는 i도시에서 j도시로 가는 길이 없음을 의미한다.(0≤ MAT[i][j]≤50)

[제한조건]

- 도시를 잇는 도로는 일방통행이다. 심지어 i번째 도시에서 j번째 도시로 가는 길은 있어도, j번째 도시에서 i번째 도시로 가는 길은 없을 수도 있다.
- 모든 도시를 정확히 한 번씩만 지나야 함에 유의하라.

[출력]

각 줄마다 "#T"(T는 테스트케이스 번호)를 출력한 뒤, 종민이가 M번 도시부터 시작하여 모든 도시를 정확히 한 번씩 순회하고 오는데 드는 통행료 최소값을 출력하시오. 단, 불가능할 경우 –1을 출력한다.

[sample input]

3

```
3 1
0 1 1
1 0 10
2 20 0
4 3
0 8 13 30
5  0  6 20
6 11  0 21
7  7  6  0
5 5
0 17 0 3 0
1 0 3 4 5
0 5 0 2 5
44 10 0 0 0
9 3 9 7 0

[sample output]
#1 13
#2 40
#3 30
```

[문제 5-2-4. 외판원 순회] 문제 접근법

외판원 순회 문제의 시간복잡도를 생각해보면 최악의 경우는 모든 도시 간에 도로가 존재할 때이다. 모든 도시 사이에 도로가 존재한다면, 모든 경우를 다 살펴봐야 하므로 시간복잡도는 N!이 된다. N의 최댓값은 10이므로 최대 연산 횟수는 10!=3,628,800이 된다. 최대 테스트케이스 수 10개가 모두 최악의 경우라 하여도 약 4천만번 이하의 연산을 하므로 제한시간 안에 수행될 수 있다고 추측할 수 있다. 여기서 만약 기존에 구한 순회비용보다 더 비싼 곳은 탐색하지 않는 가지치기(Pruning)까지 추가한다면 더 시간이 단축될 것이라 기대할 수 있다.

종료조건은 모든 N개의 도시를 방문했을 경우이므로 '방문한 도시의 수'와 현재 위치를 알고 있어야 다른 도시와 연결된 도로를 탐색할 수 있으므로 '현재 위치', 마지막으로 모든 도시를 방문했을 때 최소 비용을 구해야 하므로 '누적비용'까지 모두 세 개의 인자를 가지고 DFS함수를 만들어 낼 수 있다.

[문제 5-2-4. 외판원 순회] 모범 코드

C++

```
1   #include <stdio.h>
2
3   int T, N, M;
4   int Answer;
5   int visited[11];
6   int MAT[11][11]; // 인접배열
7
8   // 현재 방문중인 정점 번호, 현재까지 누적된 통행료, 방문한 도시 수
9   void dfs(int idx, int cost, int cnt) {
10      // 모든 도시를 전부 방문했을 때
11      if (cnt == N) {
12          // 시작점으로 돌아갈 길이 있을 경우만
13          if (MAT[idx][M] != 0) {
14              // 기존 답보다 새로운 비용이 더 적게 든다면
15              if (Answer == -1 || Answer > cost + MAT[idx][M]) {
16                  Answer = cost + MAT[idx][M];
17              }
18          }
19      }
20      else {
21          for (int i = 1; i <= N; i ++) {
22              // 방문한 적이 없고, 길이 있는 도시만 탐색
23              if (visited[i] == 0 && MAT[idx][i] != 0) {
24                  // 가지치기, 기존 정답보다 누적비용이 작을경우만 탐색
25                  if ((Answer == -1 || Answer > cost + MAT[idx][i])) {
26                      visited[i] = 1;
27                      dfs(i, cost + MAT[idx][i], cnt + 1);
28                      visited[i] = 0;
29                  }
30              }
31          }
32      }
33  }
34
35  int main() {
36      scanf("%d", &T);
37      for (int test_case = 1; test_case <= T; test_case ++) {
38          scanf("%d %d", &N, &M);
39          // 초기화
40          for (int i = 1; i <= N; i ++) {
41              for (int j = 1; j <= N; j ++) {
42                  MAT[i][j] = 0;
```

```
43              }
44          }
45          for (int i = 1; i <= N; i ++) {
46              visited[i] = 0;
47          }
48          for (int i = 1; i <= N; i ++) {
49              for (int j = 1; j <= N; j ++) {
50                  scanf("%d", &MAT[i][j]);
51              }
52          }
53          Answer = -1;
54          visited[M] = 1;
55          // DFS 탐색(위치, 비용, 현재까지 방문한 도시의 수)
56          // 시작점:0, 비용:0, 방문한 도시수:1
57          dfs(M, 0, 1);
58          printf("#%d %d\n", test_case, Answer);
59      }
60  }
```

JAVA

```java
1   import java.util.Scanner;
2
3   public class Solution {
4       static int T, N, M;
5       static int Answer;
6       static int visited[] = new int[11];
7       static int MAT[][] = new int[11][11]; // 인접배열
8
9       // 현재 방문중인 정점 번호, 현재까지 누적된 통행료, 방문한 도시 수
10      public static void dfs(int idx, int cost, int cnt) {
11          // 모든 도시를 전부 방문했을 때
12          if (cnt == N) {
13              // 시작점으로 돌아갈 길이 있을 경우만
14              if (MAT[idx][M] != 0) {
15                  // 기존 답보다 새로운 비용이 더 적게 든다면
16                  if (Answer == -1 || Answer > cost + MAT[idx][M]) {
17                      Answer = cost + MAT[idx][M];
18                  }
19              }
20          }
21          else {
22              for (int i = 1; i <= N; i ++) {
23                  // 방문한 적이 없고, 길이 있는 도시만 탐색
24                  if (visited[i] == 0 && MAT[idx][i] != 0) {
25                      // 가지치기, 기존 정답보다 누적비용이 작을경우만 탐색
26                      if ((Answer == -1 || Answer > cost + MAT[idx][i])) {
27                          visited[i] = 1;
28                          dfs(i, cost + MAT[idx][i], cnt + 1);
29                          visited[i] = 0;
30                      }
31                  }
32              }
33          }
34      }
35
36      public static void main(String[] args) throws Exception {
37          Scanner sc = new Scanner(System.in);
38          T = sc.nextInt();
39          for (int test_case = 1; test_case <= T; test_case ++) {
40              N = sc.nextInt();
41              M = sc.nextInt();
42              // 초기화
43              for (int i = 1; i <= N; i ++) {
44                  for (int j = 1; j <= N; j ++) {
```

```
45                    MAT[i][j] = 0;
46                }
47            }
48            for (int i = 1; i <= N; i ++) {
49                visited[i] = 0;
50            }
51            for (int i = 1; i <= N; i ++) {
52                for (int j = 1; j <= N; j ++) {
53                    MAT[i][j] = sc.nextInt();
54                }
55            }
56            Answer = -1;
57            visited[M] = 1;
58            // DFS 탐색(위치, 비용, 현재까지 방문한 도시의 수)
59            // 시작점:0, 비용:0, 방문한 도시수:1
60            dfs(M, 0, 1);
61            System.out.println("#" + test_case + " " + Answer);
62        }
63    }
64 }
```

[문제 5-2-5. 화산 폭발1]

힙, 정적 메모리 모두 합쳐서 256MB이내, 스택 메모리 1MB 이내
제한시간 C/C++ : 2초 이내, JAVA : 2.5초 이내

세로와 가로의 크기가 N인 정사각형 모양의 격자로 이루어진 섬에 화산이 폭발하였다. 최초 격자의 상태는 초원, 바리케이트, 화산 세 가지 상태로 이루어져 있다. 용암은 화산에서 출발하여 상하좌우 네 방향 중 초원이 있는 곳들을 파괴된 초원으로 바꾸며 퍼져나간다. 만약 네 방향 중 바리케이트가 설치되어 있거나 혹은 화산이 존재한다면 해당 영역을 지나갈 수 없다. 또한 격자(섬)를 벗어나는 것도 허용되지 않는다. 시간이 충분히 지나 용암이 퍼져나갈 수 있는 모든 영역으로 퍼져나갔을 때, 파괴되지 않은 초원의 최대 크기를 구하는 프로그램을 작성하시오.

[입력]

첫 번째 줄에 테스트케이스의 수 T(1≤T≤10)가 주어진다.

각 테스트케이스마다 첫 번째 줄에는 가로와 세로의 크기 N이 공백을 두고 주어진다(3≤N≤100).

다음 N개의 줄에는 각 줄에 N개의 숫자들이 공백을 두고 주어지는데 i번째 줄의 j번째 숫자는 섬의 i행 j열의 상태 MAT[i][j]를 나타낸다. MAT[i][j]값이 0인 경우에는 초원이며 1인 경우에는 이미 세워진 바리케이트, 2인 경우에는 화산이 폭발한 지점이다.

[출력]

각 줄마다 "#T"(T는 테스트케이스 번호)를 출력한 뒤, 공백을 두고 용암이 퍼져나가도 파괴되지 않는 초원의 최대 개수를 출력한다.

[sample input]
3
3
0 1 1
0 2 0
1 1 0

```
4
0 0 0 0
0 2 1 0
0 1 2 1
0 0 1 0
7
2 0 0 0 0 0 0
0 0 0 0 0 0 0
0 0 0 0 0 0 0
0 0 0 0 0 0 0
0 0 0 0 0 0 0
0 0 0 0 0 2 1
0 0 0 0 0 1 0
```

[sample output]

#1 0

#2 1

#3 1

[문제 5-2-5. 화산 폭발1] 문제 접근법

기존에 다루었던 문제들과 다르게 모든 경로를 확인하는 문제가 아닌 어느 지점까지를 도달할 수 있는지를 묻는 문제이다. 다시 말해 모든 경로를 확인해 보기 위해서는 $O(N!)$의 시간복잡도로 확인해야 하지만, N×N격자의 각 지점을 지날 수 있는지 여부만 판단하면 $O(N^2)$의 시간복잡도가 소요된다. 따라서 최악의 경우인 N=100의 경우 $O(N^2)$는 약 10,000번의 연산으로 문제를 해결할 수 있지만 $O(N!)$는 인간의 언어로는 셀 수 없는 엄청난 양의 연산이 소요된다. 만약 샘플케이스 3번에서 수행시간이 상당히 오래 걸리는 경우 $O(N!)$알고리즘으로 작성한 것이 아닌지를 의심해보아야 한다.

DFS함수의 구현에 있어서 모든 경로를 완전히 탐색할 것인지, 각 지점을 지나는지만 판단할 것인지 여부는 위에서 언급했던 visited[i] 배열의 초기화 부분의 유무 차이이므로 해당 코드가 의미하는 바를 다시 한 번 이해하며 문제를 풀어보기를 바란다. (다음 모범코드의 31번째 줄을 참조)

[문제 5-2-5. 화산 폭발1] **모범 코드**

C++

```cpp
1   #include <stdio.h>
2   #include <vector>
3
4   using namespace std;
5
6   int T, N;
7
8   // 화산의 위치를 담을 벡터 S
9   vector <pair <int, int >> S;
10  // MAT의 값
11  // -1: 파괴된 초원, 0: 초원, 1:바리케이트, 2:화산
12  int MAT[101][101];
13  // 상하좌우 탐색을 위한 dr,dc
14  int dr[] = { 0,1,0,-1 };
15  int dc[] = { 1,0,-1,0 };
16  int Answer;
17  void dfs(int now_row, int now_col) {
18      // 별다른 종료조건이 필요하지 않음
19      // 탐색조건
20      for (int i = 0; i < 4; i ++) {
21          int nxt_row = now_row + dr[i];
22          int nxt_col = now_col + dc[i];
23          // 다음 지점이 격자 안에 있는경우
24          if (nxt_row >= 1 && nxt_row <= N
25              && nxt_col >= 1 && nxt_col <= N) {
26              // 다음 지점이 초원인 경우
27              if (MAT[nxt_row][nxt_col] == 0) {
28                  MAT[nxt_row][nxt_col] = -1;
29                  Answer--;
30                  dfs(nxt_row, nxt_col);
31                  // MAT[nxt_row]nxt_col]를 초기화하지 않음
32              }
33          }
34      }
35  }
36  int main() {
37      scanf("%d", &T);
38      for (int test_case = 1; test_case <= T; test_case ++) {
```

```
39        scanf("%d", &N);
40        // 초기화
41        for (int i = 1; i <= N; i ++) {
42            for (int j = 1; j <= N; j ++) {
43                MAT[i][j] = 0;
44            }
45        }
46        S.clear();
47        Answer = 0;
48
49        for (int i = 1; i <= N; i ++) {
50            for (int j = 1; j <= N; j ++) {
51                scanf("%d", &MAT[i][j]);
52                // 초원인 경우
53                if (MAT[i][j] == 0) {
54                    Answer++;
55                }
56                // 화산인 경우
57                else if (MAT[i][j] == 2) {
58                    S.push_back(make_pair(i, j));
59                }
60            }
61        }
62        for (int i = 0; i < S.size(); i ++) {
63            dfs(S[i].first, S[i].second);
64        }
65        printf("#%d %d\n", test_case, Answer);
66    }
67 }
```

JAVA

```java
1   import java.util.ArrayList;
2   import java.util.Scanner;
3
4   public class Solution {
5       static int T, N;
6
7       // 화산의 위치를 담을 벡터 S
8       static ArrayList <int[]> S = new ArrayList <>();
9       // MAT의 값
10      // -1: 파괴된 초원, 0: 초원, 1:바리케이트, 2:화산
11      static int MAT[][] = new int[101][101];
12      // 상하좌우 탐색을 위한 dr,dc
13      static int dr[] = { 0, 1, 0, -1 };
14      static int dc[] = { 1, 0, -1, 0 };
15      static int Answer;
16
17      public static void dfs(int now_row, int now_col) {
18          // 별다른 종료조건이 필요하지 않음
19          // 탐색조건
20          for (int i = 0; i < 4; i ++) {
21              int nxt_row = now_row + dr[i];
22              int nxt_col = now_col + dc[i];
23              // 다음 지점이 격자 안에 있는경우
24              if (nxt_row >= 1 && nxt_row <= N
25                  && nxt_col >= 1 && nxt_col <= N) {
26                  // 다음 지점이 초원인 경우
27                  if (MAT[nxt_row][nxt_col] == 0) {
28                      MAT[nxt_row][nxt_col] = -1;
29                      Answer--;
30                      dfs(nxt_row, nxt_col);
31                      // MAT[nxt_row]nxt_col]를 초기화하지 않음
32                  }
33              }
34          }
35      }
36
37      public static void main(String[] args) {
38          Scanner sc = new Scanner(System.in);
39          T = sc.nextInt();
40          for (int test_case = 1; test_case <= T; test_case ++) {
```

```
41          N = sc.nextInt();
42          // 초기화
43          for (int i = 1; i <= N; i ++) {
44              for (int j = 1; j <= N; j ++) {
45                  MAT[i][j] = 0;
46              }
47          }
48          S.clear();
49          Answer = 0;
50
51          for (int i = 1; i <= N; i ++) {
52              for (int j = 1; j <= N; j ++) {
53                  MAT[i][j] = sc.nextInt();
54                  // 초원인 경우
55                  if (MAT[i][j] == 0) {
56                      Answer++;
57                  }
58                  // 화산인 경우
59                  else if (MAT[i][j] == 2) {
60                      S.add(new int[] { i, j });
61                  }
62              }
63          }
64          for (int i = 0; i < S.size(); i ++) {
65              dfs(S.get(i)[0], S.get(i)[1]);
66          }
67          System.out.println("#" + test_case + " " + Answer);
68      }
69   }
70 }
```

Summary

- 깊이 우선 탐색(DFS)은 완전탐색이 필요한 경우에 주로 사용한다.

- 완전탐색을 위한 DFS의 시간복잡도는 N!에 근접하는 매우 수행시간이 긴 알고리즘이므로, 코딩을 시작하기 전에 제한시간 내에 수행될 수 있는지 부터 확인한다.

- DFS는 종료조건과 탐색조건을 설정하고, 그때 필요한 인자들을 결정하는 것이 핵심이다.

- DFS는 다음에 배울 너비 우선 탐색(BFS)와 다르게 지나온 경로를 쉽게 파악할 수 있다는 장점이 있다.

5-2-2. 너비 우선 탐색(Breadth First Search, BFS)

너비 우선 탐색(BFS)은 앞에서 다룬 깊이 우선 탐색(DFS)과 마찬가지로 트리나 그래 프를 탐색하는 알고리즘 중 하나이다. 다만 한 정점을 기준으로 가능한 먼 지점까지 탐 색하는, 간선을 따라가는 듯한 순서로 탐색하는 DFS와 다르게 BFS는 시작 정점에서 시작하여 정점들을 거리순으로 탐색한다는 차이점이 있다.

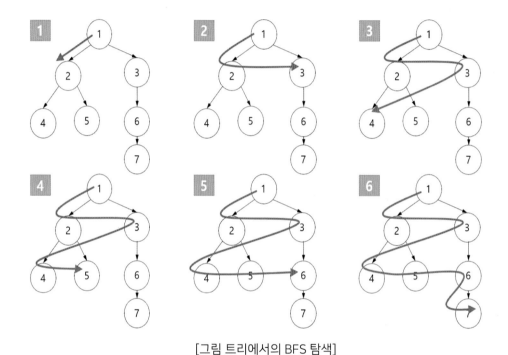

[그림 트리에서의 BFS 탐색]

위 그림에서도 알 수 있듯이, BFS는 DFS와 다르게 이전에 지나온 정점을 추적 (tracking)하는 게 쉽지 않다는 단점이 있다. 하지만 BFS는 시작 정점부터 깊이 (depth) 순서대로 탐색을 진행하기 때문에 시작점에서 가장 가까운 목적지(또는 최소 비용)를 찾는 문제에서 DFS보다 빠르게 찾을 수 있다는 장점이 있다.

실제로 그래프에서의 최소비용 경로를 찾는 대표적인 알고리즘들인 다익스트라 알고 리즘(Dijkstra Algorithm), 벨만-포드 알고리즘(Bellman-Ford Algorithm), 플로이 드-워셜 알고리즘(Floyd-Warshall Algorithm)은 모두 BFS에서 파생된 알고리즘들 이다.

BFS는 앞에서 배운 자료구조인 큐(Queue)를 이용해 구현하며 아래와 같이 다섯 단계로 나누어 진행한다.

1. 시작점을 큐에 넣는다.

2. 큐에서 한 점을 꺼내서 기준점으로 삼는다.

3. 기준점이 우리가 목표로 하는 목적지이면 탐색을 종료한다.

4. 그렇지 않은 경우 기준점에서 갈 수 있는 다음 정점들을 큐에 넣는다.

5. 큐에 원소가 없을 때까지 2단계로 돌아가 반복한다.

[BFS Sample Code]

C++

```cpp
// 정점을 담을 큐
queue <int> que;

// 인접 배열
int MAT[1004][1004];

// i번 정점을 이미 방문한경우 visited[i] = 1
// i번 정점을 아직 방문하지 않은경우 visited[i] = 0
int visited[1004];

// 출발지 S, 목적지 E, 정점의 수 N
int S,E, N;

void bfs() {
    // 1. 시작점 S를 큐에 넣는다.
    que.push(S);
    visited[S] = 1;
    // 5. 큐가 비어있지 않다면 반복
    while (!que.empty()) {
        // 2. 큐에서 한점을 뽑아 기준점으로 삼는다.
        int now = que.front();
        que.pop();
        // 3. 기준점이 목적지이면 종료
        if (now == E) {
            break;
        }
        // 4. 그렇지 않은경우 탐색
        else {
            for (int i = 1; i <= N; i++) {
                int nxt = MAT[now][i];
                // 기존에 방문하지 않고
                // 현재 정점과 연결된 점을 탐색
                if (visited[nxt] == 0 && MAT[now][i] == 1) {
                    visited[nxt] = 1;
                    // 해당 지점을 큐에 넣는다
                    que.push(nxt);
                }
            }
        }
    }
}
```

JAVA

```java
// 정점을 담을 큐
Queue<Integer> que;

// 인접 배열
int MAT[][] = new int[1004][1004];

// i번 정점을 이미 방문한경우 visited[i] = 1
// i번 정점을 아직 방문하지 않은경우 visited[i] = 0
int visited[] = new int[1004];

// 출발지 S, 목적지 E, 정점의 수 N
int S, E, N;

void bfs() {
    // 1. 시작점 S를 큐에 넣는다.
    que.add(S);
    visited[S] = 1;
    // 5. 큐가 비어있지 않다면 반복
    while (!que.isEmpty()) {
        // 2. 큐에서 한점을 뽑아 기준점으로 삼는다.
        int now = que.poll();
        // 3. 기준점이 목적지이면 종료
        if (now == E) {
            break;
        }
        // 4. 그렇지 않은경우 탐색
        else {
            for (int i = 1; i <= N; i++) {
                int nxt = MAT[now][i];
                // 기존에 방문하지 않고
                // 현재 정점과 연결된 점을 탐색
                if (visited[nxt] == 0 && MAT[now][i] == 1)
                    visited[nxt] = 1;
                    // 해당 지점을 큐에 넣는다
                    que.add(nxt);
            }
        }
    }
}
```

[문제 5-2-6. 미로 찾기1]

힙, 정적 메모리 모두 합쳐서 256MB이내, 스택 메모리 1MB 이내
제한시간 C/C++ : 2초 이내, JAVA : 2.5초 이내

세로 N, 가로 M 크기의 격자와 시작점(S_r, S_c)과 탈출구(E_r, E_c)가 주어졌을 때, 시작점부터 탈출구까지 이동하기 위해 필요한 최소 이동 횟수를 구하는 프로그램을 작성하시오. 한번 이동시 상하좌우로 한 칸씩만 이동할 수 있으며, 벽이 있는 지점은 이동할 수 없다. 만약 탈출구까지 이동할 수 있는 방법이 존재하지 않는다면 -1을 출력한다.

[입력]

첫 번째 줄에 테스트케이스의 수 T(1≤T≤10)가 주어진다.

각 테스트케이스마다 첫 번째 줄에는 격자의 세로의 길이 N과 가로의 길이 M이 공백을 두고 주어진다(3≤N, M≤1,000).

두 번째 줄에는 격자의 시작점(S_r, S_c)과 탈출구(E_r, E_c)를 나타내는 S_r, S_c, E_r, E_c가 각각 공백을 두고 주어진다. 각 좌표 쌍은 (행, 열)을 의미한다.

다음 N개의 줄에는 각 줄마다 M개의 숫자들이 공백을 두고 주어지는데 i번째 줄의 j번째 숫자는 격자의 (i, j)의 상태를 의미한다. 만약 값이 0인 경우 이동할 수 있는 곳이고, 1인 경우 이동할 수 없는 벽이 설치되어 있다는 뜻이다.

[출력]

각 줄마다 "#T"(T는 테스트케이스 번호)를 출력한 뒤, 공백을 두고 시작점부터 탈출구 까지 이동하는데 필요한 최소 횟수를 출력한다. 만약 도달할 수 없다면 -1을 출력한다.

[제한 조건]

- 격자 밖으로 이동은 불가능하다.
- 시작점과 탈출구가 벽(1)인 경우는 없다.
- 좌측 상단의 좌표는 (1,1)이고 우측 하단의 좌표는 (N, M)이다.

[sample input]

3

3 4

```
3 1 1 4
0 0 1 0
0 1 0 0
0 0 0 1
10 7
1 1 7 7
0 0 0 0 0 0 0
0 1 1 1 1 1 0
0 1 1 1 1 0 0
0 0 0 1 1 0 1
0 1 0 1 1 0 0
0 1 0 1 1 1 0
0 1 0 0 0 0 0
0 1 1 1 1 1 0
0 1 0 0 0 1 0
0 0 0 1 0 0 0
6 6
1 1 6 6
0 0 0 0 0 0
0 0 0 0 0 0
0 0 0 0 0 0
0 0 0 0 0 0
0 0 0 0 0 0
0 0 0 0 0 0
```

[sample output]

#1 5

#2 12

#3 10

[문제 5-2-6. 미로 찾기1] 문제 접근법

얼핏 보면 DFS를 이용해 미로의 모든 경로를 탐색하여 출구에 도착하는 모든 경우와 이동 횟수를 비교하여 최솟값을 찾으면 되는 것으로 생각할 수도 있다. 하지만 문제에서 최소 이동횟수만 출력하라고 했으므로 BFS를 이용해 더 빨리, 즉 $O(N \times M)$만에 문제 해결이 가능하다. 아래 그림처럼 벽이 없는 경우를 보면 BFS와 DFS의 연산 횟수 차이를 확인할 수 있다.

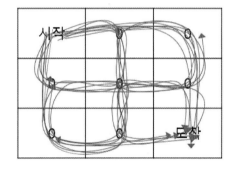

이 문제처럼 2차원 이상의 값을 큐에 담을 때는 배열이나 구조체 등을 이용하거나 큐를 여러 개 사용하는 방법, 또는 여러 데이터를 하나의 데이터로 치환하여 담는 법 등이 있다. 어느 방법을 사용해도 상관은 없으나 적어도 하나 이상의 방법은 꼭 익혀두자.

[문제 5-2-6. 미로 찾기1] **모범 코드**

C++

```
1  #include <stdio.h>
2  #include <queue>
3
4  using namespace std;
5
6  // 정점을 담을 큐 ((row, col), cost)
7  queue <pair <pair <int, int >, int >> que;
8
9  // 격자( 0 : 이동 가능, 1 : 이동 불가능)
10 int MAT[1001][1001];
11 // 동남서북 순서로 탐색할 배열
12 int dr[] = {0, 1, 0, -1};
13 int dc[] = {1, 0, -1, 0};
14 int T;
15 int N, M;
16 int S_r, S_c, E_r, E_c;
17 int Answer;
18 int main() {
19     scanf("%d", &T);
20     for (int test_case = 1; test_case <= T; test_case ++) {
21         // 격자 초기화
22         for (int i = 1; i <= N; i ++) {
23             for (int j = 1; j <= M; j ++) {
24                 MAT[i][j] = 0;
25             }
26         }
27         // 큐 초기화
28         while (!que.empty()) {
29             que.pop();
30         }
31         scanf("%d %d", &N, &M);
32         scanf("%d %d %d %d", &S_r, &S_c, &E_r, &E_c);
33         // 시작점(S_r,S_c 이동횟수0) 삽입
34         que.push(make_pair(make_pair(S_r, S_c), 0));
35         MAT[S_r][S_c] = 1;
36         for (int i = 1; i <= N; i ++) {
37             for (int j = 1; j <= M; j ++) {
38                 scanf("%d", &MAT[i][j]);
```

```
39                }
40            }
41        Answer = -1;
42        while (!que.empty()) {
43            int now_row = que.front().first.first;
44            int now_col = que.front().first.second;
45            int now_cost = que.front().second;
46            que.pop();
47            // 종료조건
48            if (now_row == E_r && now_col == E_c) {
49                Answer = now_cost;
50                break;
51            }
52            // 탐색조건
53            else {
54                for (int i = 0; i < 4; i ++) {
55                    int nxt_row = now_row + dr[i];
56                    int nxt_col = now_col + dc[i];
57                    int nxt_cost = now_cost + 1;
58                    // 이동지점이 격자 안에 있는 경우
59                    if (nxt_row >= 1 && nxt_row <= N
60                        && nxt_col >= 1 && nxt_col <= M) {
61                        // 이동지점이 이동 가능한 곳일경우
62                        if (MAT[nxt_row][nxt_col] == 0) {
63                            MAT[nxt_row][nxt_col] = 1;
64                            que.push(make_pair(make_pair(nxt_row,
    nxt_col), nxt_cost));
65                        }
66                    }
67                }
68            }
69        }
70        printf("#%d %d\n", test_case, Answer);
71    }
72 }
```

JAVA

```java
1   import java.util.LinkedList;
2   import java.util.Queue;
3   import java.util.Scanner;
4
5   public class Solution {
6       // 정점을 담을 큐 ((row, col, cost)
7       static Queue <int[]> que = new LinkedList <>();
8
9       // 격자( 0 : 이동 가능, 1 : 이동 불가능)
10      static int MAT[][] = new int[1001][1001];
11      // 동남서북 순서로 탐색할 배열
12      static int dr[] = { 0, 1, 0, -1 };
13      static int dc[] = { 1, 0, -1, 0 };
14      static int T;
15      static int N, M;
16      static int S_r, S_c, E_r, E_c;
17      static int Answer;
18
19      public static void main(String[] args) throws Exception {
20          Scanner sc = new Scanner(System.in);
21          T = sc.nextInt();
22          for (int test_case = 1; test_case <= T; test_case++) {
23              // 격자 초기화
24              for (int i = 1; i <= N; i ++) {
25                  for (int j = 1; j <= M; j ++) {
26                      MAT[i][j] = 0;
27                  }
28              }
29              // 큐 초기화
30              que.clear();
31
32              N = sc.nextInt();
33              M = sc.nextInt();
34              S_r = sc.nextInt();
35              S_c = sc.nextInt();
36              E_r = sc.nextInt();
37              E_c = sc.nextInt();
38              // 시작점(S_r,S,c 이동횟수0) 삽입
39              que.add(new int[] { S_r, S_c, 0 });
40              MAT[S_r][S_c] = 1;
```

```
41              for (int i = 1; i <= N; i ++) {
42                  for (int j = 1; j <= M; j ++) {
43                      MAT[i][j] = sc.nextInt();
44                  }
45              }
46          Answer = -1;
47          while (!que.isEmpty()) {
48              int now[] = que.poll();
49              int now_row = now[0];
50              int now_col = now[1];
51              int now_cost = now[2];
52              // 종료조건
53              if (now_row == E_r && now_col == E_c) {
54                  Answer = now_cost;
55                  break;
56              }
57              // 탐색조건
58              else {
59                  for (int i = 0; i < 4; i ++) {
60                      int nxt_row = now_row + dr[i];
61                      int nxt_col = now_col + dc[i];
62                      int nxt_cost = now_cost + 1;
63                      // 이동지점이 격자 안에 있는 경우
64                      if (nxt_row >= 1 && nxt_row <= N
65                              && nxt_col >= 1 && nxt_col <= M) {
66                          // 이동지점이 이동 가능한 곳일경우
67                          if (MAT[nxt_row][nxt_col] == 0) {
68                              MAT[nxt_row][nxt_col] = 1;
69                              que.add(new int[] { nxt_row,
70  nxt_col, nxt_cost });
                            }
71                      }
72                  }
73              }
74          }
75          System.out.println("#" + test_case + " " + Answer);
76      }
77  }
78 }
```

[문제 5-2-7. 방탈출 게임2]

힙, 정적 메모리 모두 합쳐서 256MB이내, 스택 메모리 1MB 이내
제한시간 C/C++ : 2초 이내, JAVA : 2.5초 이내

유진이는 방탈출 게임 지역예선을 통과하여 전국대회에 참가하였다. 이번 게임은 1부터 50,000번까지 번호가 매겨진 50,000개의 방 안에서 출구를 찾아가는 게임이다. 각 방은 번호 순서대로 통로로 연결되어 있고, 1번 방부터 25,000번 방까지는 다른 방으로 이동할 수 있는 포탈을 하나씩 가지고 있다. 포탈은 단방향으로만 이동이 가능하며 i번 방의 포탈을 이용하면 $i \times 2$번 방으로 이동할 수 있다. 즉, 방과 방 사이를 이동하기 위해서는 통로를 통해 다음 번호의 방 혹은 이전번호의 방으로 이동하거나 포탈을 이용해야 한다. 통로나 포탈을 이용해 방을 이동할 때마다 벌점이 10점씩 늘어나므로 유진이는 최소한의 방을 지나 출구에 도착해야 한다. S번 방에서 시작하여 출구인 E번 방으로 이동하기 위해 필요한 최소한의 벌점을 구하는 프로그램을 작성하시오.

[제한조건]
- 통로나 포탈을 이용해 이동할 수 있는 방의 번호는 1 이상 25000 이하이다. 즉, 25000번 방에서 통로를 통해 다음 번호의 방으로 이동할 수 없고, 마찬가지로 1번 방에서 통로를 통해 이전 번호의 방으로 이동하는 것은 불가능하다.

[입력]
첫 번째 줄에 테스트케이스의 수 $T(1 \leq T \leq 10)$가 주어진다.
각 테스트케이스의 첫 번째 줄에는 출발위치 S와 출구 E가 각각 공백을 두고 주어진다. ($1 \leq S < E \leq 50000$)

[출력]
각 줄마다 "#T"(T는 테스트케이스 번호)를 출력한 뒤, 공백을 두고 유진이가 방탈출 게임을 탈출하기 위해 필요한 최소한의 벌점을 출력한다.

[sample input]
5

```
1 9
5 17
3 10
4211  16839
28  49727

[sample output]
#1  4
#2  4
#3  3
#4  4
#5  18
```

[문제 5-2-7. 방탈출 게임2] **문제 접근법**

이 책 서두에 잠깐 언급했던 거스름돈 문제처럼 포탈을 통해 2배씩 이동하는 것이 통로를 통해 한 칸씩 이동하는 것보다 무조건 빠른 방법이라고 생각할 수 있다. 하지만 sample input 3번에서 보듯이 3번방에서 출발하여 10번방으로 이동하는 최소 이동횟수는 3→6→7→8→9→10이 아닌 3→4→5→10으로 3번만에 이동할 수 있다.

시작점 S에서 한 번 이동으로 갈 수 있는 방은 S-1, S+1, S×2번 방이고, 마찬가지로 두 번 이동으로 갈 수 있는 방은 S-1에서 S-1-1, S-1+1, (S-1)×2번 방, S+1번 방에서 S+1-1, S+1+1, (S+1)×2번 방, S×2번 방에서 S×2-1, S×2+1, (S×2)×2번 방이다. BFS가 depth순으로 탐색하는 알고리즘이므로 이 문제에서는 이동 횟수에 따라 도달할 수 있는 방을 BFS를 통해 탐색할 수 있다. 시간복잡도는 각 방마다 최대 한 번씩만 방문하므로 O(N)임을 알 수 있다.

[문제 5-2-7. 방탈출 게임2] 모범 코드

C++

```cpp
#include <stdio.h>
#include <queue>

using namespace std;

// BFS에 사용할 큐(위치, 이동횟수)
queue <pair <int, int >> que;
int T, S, E;
// 이미 방문한 곳을 체크하기 위한 배열
int visited[50001];
int Answer;
int main() {
    scanf("%d", &T);
    for (int test_case = 1; test_case <= T; test_case++) {
        scanf("%d %d", &S, &E);
        for (int i = 1; i <= 50000; i ++) {
            visited[i] = 0;
        }
        while (!que.empty()) {
            que.pop();
        }
        que.push(make_pair( S,0 ));
        visited[S] = 1;
        while (!que.empty()) {
            int now = que.front().first;
            int cost = que.front().second;
            que.pop();
            if (now == E) {
                Answer = cost;
                break;
            }
            // 통로, 이전방으로 이동
            if (now - 1 >= 1 && visited[now -1] == 0) {
                visited[now - 1] = 1;
                que.push(make_pair(now - 1, cost + 1));
            }
            // 통로, 다음방으로 이동
            if (now + 1 <= 50000 && visited[now + 1] == 0) {
```

```
39                      visited[now + 1] = 1;
40                      que.push(make_pair(now + 1, cost + 1));
41              }
42              // 포탈, ×2번방으로 이동
43              if (now * 2 <= 50000 && visited[now * 2] == 0) {
44                      visited[now * 2] = 1;
45                      que.push(make_pair(now * 2, cost + 1));
46              }
47          }
48          printf("#%d %d\n", test_case, Answer);
49      }
50  }
```

JAVA

```java
1   import java.util.LinkedList;
2   import java.util.Queue;
3   import java.util.Scanner;
4
5   public class Solution {
6
7       // BFS에 사용할 큐(위치, 이동횟수)
8       static Queue <int []> que = new LinkedList <>();
9       static int T, S, E;
10      // 이미 방문한 곳을 체크하기 위한 배열
11      static int visited[] = new int[50001];
12      static int Answer;
13      public static void main(String[] args) {
14          Scanner sc = new Scanner(System.in);
15          T = sc.nextInt();
16          for (int test_case = 1; test_case <= T; test_case++) {
17              S = sc.nextInt();
18              E = sc.nextInt();
19              for (int i = 1; i <= 50000; i ++) {
20                  visited[i] = 0;
21              }
22              que.clear();
23
24              que.add(new int[] {S,0});
25              visited[S] = 1;
26              while (!que.isEmpty()) {
27                  int tmp[] = que.poll();
28                  int now = tmp[0];
29                  int cost = tmp[1];
30
31                  if (now == E) {
32                      Answer = cost;
33                      break;
34                  }
35                  // 통로, 이전방으로 이동
36                  if (now - 1 >= 1 && visited[now -1] == 0) {
37                      visited[now - 1] = 1;
38                      que.add(new int[] {now - 1, cost + 1});
39                  }
40                  // 통로, 다음방으로 이동
```

```
41          if (now + 1 <= 50000 && visited[now + 1] == 0) {
42              visited[now + 1] = 1;
43              que.add(new int[] {now + 1, cost + 1});
44          }
45          // 포탈, ×2번방으로 이동
46          if (now * 2 <= 50000 && visited[now * 2] == 0) {
47              visited[now * 2] = 1;
48              que.add(new int[] {now * 2, cost + 1});
49          }
50      }
51      System.out.println("#" + test_case + " " + Answer);
52      }
53   }
54 }
```

[문제 5-2-8. 화산 폭발2]

힙, 정적 메모리 모두 합쳐서 256MB이내, 스택 메모리 1MB 이내
제한시간 C/C++ : 2초 이내, JAVA : 2.5초 이내

세로와 가로의 크기가 N인 정사각형 모양의 격자로 이루어진 섬에 화산이 폭발하였다. 최초 격자의 상태는 초원, 바리케이트, 화산 세 가지 상태로 이루어져 있다. 용암은 화산에서 출발하여 상하좌우 네 방향 중 초원이 있는 곳들을 파괴된 초원으로 바꾸며 퍼져나간다. 만약 네 방향 중 바리케이트가 설치되어 있거나 화산이 존재한다면 해당 영역을 지나갈 수 없다. 정부에서는 화산 폭발로 인한 용암의 피해를 최소한으로 하기 위해 기존에 설치된 바리케이트 외에 M개의 바리케이트를 초원 위에 추가로 설치하기로 하였다. M개의 바리케이트를 모두 설치한 후 시간이 충분히 지나 용암이 퍼져나갈 수 있는 모든 영역으로 퍼져나갔을 때, 파괴되지 않은 초원의 최대 크기를 구하는 프로그램을 작성하시오.

[입력]

첫 번째 줄에 테스트케이스의 수 T(1≤T≤10)가 주어진다.

각 테스트케이스마다 첫 번째 줄에는 가로와 세로의 크기 N과 추가 바리케이트의 수 M이 공백을 두고 주어진다(3≤N≤6, 0≤M≤3).

다음 N개의 줄에는 각 줄에 N개의 숫자들이 공백을 두고 주어지는데 i번째 줄의 j번째 숫자는 섬의 i행 j열의 상태 MAT[i][j]를 나타낸다. MAT[i][j]값이 0인 경우에는 초원이며 1인 경우에는 이미 세워진 바리케이트, 2인 경우에는 화산이 폭발한 지점이다.

[제한조건]

- M개의 추가 바리케이트는 초원인 곳에만 세울 수 있다.
- M개의 추가 바리케이트는 화산이 폭발하여 용암이 퍼져나가기 전에 모두 설치된다고 가정한다.
- M개의 추가 바리케이트가 설치할 공간(초원)이 있음은 항상 보장된다.

[출력]

각 줄마다 "#T"(T는 테스트케이스 번호)를 출력한 뒤, 공백을 두고 M개의 추가 바리케이트 설치 후 용암이 퍼져나가도 파괴되지 않는 초원의 최대 개수를 출력한다.

[sample input]
3
3 1
0 1 1
0 2 0
1 1 0
4 2
0 0 0 0
0 2 1 0
0 1 2 1
0 0 1 0
6 3
0 0 0 0 0 0
0 0 0 0 0 0
0 0 0 0 0 0
0 0 0 0 0 0
0 0 0 0 2 0
0 0 0 0 0 0

[sample output]
#1 1
#2 8
#3 3

[문제 5-2-8. 화산 폭발2] 문제 접근법

이 문제는 [문제 4. 화산 폭발1]와 비슷하지만, 기존 문제와 다르게 추가 바리케이트를 설치하는 방법을 생각해 봐야 한다. 격자의 모든 초원에서 M개의 바리케이트를 설치하는 방법은 [문제1. 순열 출력하기] 문제처럼 DFS의 완전탐색을 통해 해결할 수 있다. 또한 [화산폭발1]에서는 DFS로 파괴된 초원의 범위를 탐색했다면 이번에는 BFS를 이용해 탐색해 보길 추천한다.

최종적으로 이 문제의 시간복잡도를 계산해보면 최악의 케이스인 N=6, M=3인 경우 추가 바리케이트를 설치할 수 있는 초원의 수는 6×6=36개 지역에서 3개를 고르는 경우이고, 파괴된 화산을 탐색하는 데 걸리는 연산 횟수는 6×6=36이므로 $_{36}C_3 \times 36 = \dfrac{36 \times 35 \times 34}{3 \times 2 \times 1} \times 36 = 257,040$정도의 연산이 필요하다.

따라서 테스트케이스 10개를 모두 수행하여도 제한시간 내에 통과될 수 있음을 알 수 있다.

C++

```cpp
#include <stdio.h>
#include <vector>
#include <queue>

using namespace std;

int T, N, M;
// 화산의 위치를 담을 벡터 S
vector <pair <int, int >> S;
// BFS시 사용할 큐
queue <pair <int, int >> que;
// MAT의 값
// -1: 파괴된 초원, 0: 초원, 1:바리케이트, 2:화산
int MAT[7][7];
int C_MAT[7][7];
// 상하좌우 탐색을 위한 dr,dc
int dr[] = { 0,1,0,-1 };
int dc[] = { 1,0,-1,0 };
int Answer, grass;
void bfs() {
    // 초기화
    while (!que.empty()) {
        que.pop();
    }
    // 격자판을 복사하여 계산
    for (int i = 1; i <= N; i ++) {
        for (int j = 1; j <= N; j ++) {
            C_MAT[i][j] = MAT[i][j];
        }
    }
    int cand = 0;
    // 화산의 위치로부터 bfs 탐색 시작
    for (int i = 0; i < S.size(); i ++) {
        que.push(S[i]);
    }
    while (!que.empty()) {
        int now_row = que.front().first;
        int now_col = que.front().second;
```

```
39          que.pop();
40          for (int i = 0; i < 4; i ++) {
41              int nxt_row = now_row + dr[i];
42              int nxt_col = now_col + dc[i];
43              if (nxt_row >= 1 && nxt_row <= N
44                  && nxt_col >= 1 && nxt_col <= N) {
45                  if (C_MAT[nxt_row][nxt_col] == 0) {
46                      C_MAT[nxt_row][nxt_col] = -1;
47                      cand++;
48                      que.push(make_pair(nxt_row, nxt_col));
49                  }
50              }
51          }
52      }
53      cand = grass - cand;
54      if (Answer < cand) {
55          Answer = cand;
56      }
57 }
58 void dfs(int now, int cnt) {
59     // 종료조건, M개를 모두 선택 한 경우
60     if (cnt == M) {
61         bfs();
62     }
63     // 탐색조건
64     else {
65         for (int i = now; i < N *N; i ++){
66             int nxt_row = (i / N) + 1;
67             int nxt_col = (i % N) + 1;
68             if (MAT[nxt_row][nxt_col] == 0) {
69                 // (nxt_row, nxt_col)에 추가 바리케이트 생성
70                 MAT[nxt_row][nxt_col] = 1;
71                 dfs(i + 1, cnt + 1);
72                 // 탐색이 끝나면 추가 바리케이트 제거
73                 MAT[nxt_row][nxt_col] = 0;
74             }
75         }
76     }
77 }
78 int main() {
79     scanf("%d", &T);
```

```
80      for (int test_case = 1; test_case <= T; test_case ++) {
81          scanf("%d %d", &N, &M);
82          // 초기화
83          for (int i = 1; i <= N; i ++) {
84              for (int j = 1; j <= N; j ++) {
85                  MAT[i][j] = 0;
86              }
87          }
88          S.clear();
89          Answer = 0;
90          grass = 0; // 최초 초원의 개수
91
92          for (int i = 1; i <= N; i ++) {
93              for (int j = 1; j <= N; j ++) {
94                  scanf("%d", &MAT[i][j]);
95                  // 초원인 경우
96                  if (MAT[i][j] == 0) {
97                      grass++;
98                  }
99                  // 화산인 경우
100                 else if (MAT[i][j] == 2) {
101                     S.push_back(make_pair(i, j));
102                 }
103             }
104         }
105         grass = grass - M;
106         dfs(0, 0);
107         printf("#%d %d\n", test_case, Answer);
108     }
109 }
```

JAVA

```java
1  import java.util.ArrayList;
2  import java.util.LinkedList;
3  import java.util.Queue;
4  import java.util.Scanner;
5
6  public class Solution {
7      static int T, N, M;
8      // 화산의 위치를 담을 벡터 S
9      static ArrayList <int []> S = new ArrayList <>();
10     // BFS시 사용할 큐
11     static Queue <int []> que = new LinkedList <>();
12     // MAT의 값
13     // -1: 파괴된 초원, 0: 초원, 1:바리케이트, 2:화산
14     static int MAT[][] = new int[7][7];
15     static int C_MAT[][] = new int[7][7];
16     // 상하좌우 탐색을 위한 dr,dc
17     static int dr[] = { 0,1,0,-1 };
18     static int dc[] = { 1,0,-1,0 };
19     static int Answer, grass;
20     public static void bfs() {
21         // 초기화
22         que.clear();
23         // 격자판을 복사하여 계산
24         for (int i = 1; i <= N; i ++) {
25             for (int j = 1; j <= N; j ++) {
26                 C_MAT[i][j] = MAT[i][j];
27             }
28         }
29         int cand = 0;
30         // 화산의 위치로부터 bfs 탐색 시작
31         for (int i = 0; i < S.size(); i ++) {
32             que.add(S.get(i));
33         }
34         while (!que.isEmpty()) {
35             int now[] = que.poll();
36             int now_row = now[0];
37             int now_col = now[1];
38             for (int i = 0; i < 4; i ++) {
39                 int nxt_row = now_row + dr[i];
40                 int nxt_col = now_col + dc[i];
```

```
41              if (nxt_row >= 1 && nxt_row <= N
42                  && nxt_col >= 1 && nxt_col <= N) {
43                  if (C_MAT[nxt_row][nxt_col] == 0) {
44                      C_MAT[nxt_row][nxt_col] = -1;
45                      cand++;
46                      que.add(new int[] {nxt_row, nxt_col});
47                  }
48              }
49          }
50      }
51      cand = grass - cand;
52      if (Answer < cand) {
53          Answer = cand;
54      }
55  }
56  public static void dfs(int now, int cnt) {
57      // 종료조건, M개를 모두 선택 한 경우
58      if (cnt == M) {
59          bfs();
60      }
61      // 탐색조건
62      else {
63          for (int i = now; i < N *N; i ++){
64              int nxt_row = (i / N) + 1;
65              int nxt_col = (i % N) + 1;
66              if (MAT[nxt_row][nxt_col] == 0) {
67                  // (nxt_row, nxt_col)에 추가 바리케이트 생성
68                  MAT[nxt_row][nxt_col] = 1;
69                  dfs(i + 1, cnt + 1);
70                  // 탐색이 끝나면 추가 바리케이트 제거
71                  MAT[nxt_row][nxt_col] = 0;
72              }
73          }
74      }
75  }
76  public static void main(String[] args) {
77      Scanner sc = new Scanner(System.in);
78      T = sc.nextInt();
79      for (int test_case = 1; test_case <= T; test_case++) {
80          N = sc.nextInt();
81          M = sc.nextInt();
```

```
82          // 초기화
83          for (int i = 1; i <= N; i ++) {
84              for (int j = 1; j <= N; j ++) {
85                  MAT[i][j] = 0;
86              }
87          }
88          S.clear();
89          Answer = 0;
90          grass = 0; // 최초 초원의 개수
91
92          for (int i = 1; i <= N; i ++) {
93              for (int j = 1; j <= N; j ++) {
94                  MAT[i][j] = sc.nextInt();
95                  // 초원인 경우
96                  if (MAT[i][j] == 0) {
97                      grass++;
98                  }
99                  // 화산인 경우
100                 else if (MAT[i][j] == 2) {
101                     S.add(new int[] {i,j});
102                 }
103             }
104         }
105         grass = grass - M;
106         dfs(0, 0);
107         System.out.println("#" + test_case + " " + Answer);
108     }
109   }
110 }
```

Summary

- 너비 우선 탐색(BFS)는 깊이 우선 탐색(DFS)과 마찬가지로 종료조건과 탐색조건을 설정하고, 그때 필요한 인자들을 결정하는 것이 핵심이다.

- BFS는 그래프나 트리에서 한점을 기준으로 가까운 거리(depth)의 정점들부터 거리순으로 탐색하는 알고리즘이기 때문에 최소 거리 혹은 최소 비용 문제에서 활용하기 쉽다.

- BFS는 거리순으로 정점들을 탐색하기 때문에 해당 정점까지 지나온 경로를 추적(trace)하려면 별도의 처리를 해주어야 한다. 반면 DFS는 경로 추적이 쉽다는 장점이 있다.

5-3. 정렬 및 탐욕법(Sorting & Greedy Algorithm)

정렬이란 데이터의 집합을 특정한 순서대로 나열하는 것을 뜻한다. 프로그래밍에서는 주로 배열을 정렬하여 문제를 풀기 쉽게 만든다. 정렬에는 그 방법에 따라 선택정렬(Selection Sort), 삽입정렬(Insertion Sort), 병합정렬(Merge Sort), 퀵 정렬(Quick Sort), 기수 정렬(Radix Sort) 등 다양한 정렬이 존재한다.

각 정렬을 직접 구현해 보는 것도 좋은 방법일 수 있으나, 삼성 소프트웨어 역량테스트를 준비하는 입장에선 각 정렬들의 시간복잡도의 차이와 다음에 언급할 몇 가지 주의사항을 숙지하는 것으로 충분하다고 생각한다.

평균 시간복잡도		
$O(N^2)$	$O(N \log_2 N)$	$O(dN)$
선택 정렬 삽입 정렬 병합 정렬	병합 정렬 퀵 정렬	기수 정렬

[정렬 알고리즘별 평균 시간복잡도]

먼저 응시자들이 흔히 실수하는 것 중에 하나가 C++이나 JAVA에서 제공하는 라이브러리를 사용하지 않고, 직접 $O(N^2)$시간복잡도의 정렬을 구현하는 경우가 있다. 라이브러리에서 제공하는 최적화된 정렬이 아닌 $O(N^2)$의 시간복잡도를 가진 정렬을 사용하면 시간 초과로 시험에서 떨어지는 경우가 있으니 반드시 라이브러리를 이용한 정렬을 연습하도록 하자. (라이브러리를 통해 수행하는 정렬은 $O(N \log_2 N)$에 근접한다고 생각하면 된다.) 또한, 2차원 이상의 배열에서의 정렬은 정렬의 기준을 정해주는 comparator를 구현하여 정렬을 수행해야 하는데, 처음 접하는 수험생들은 방법이 생소할 수 있으므로 다음 모범코드를 참조하여 연습해보자.

C++

1차원 배열 정렬

기본적으로 sort(배열이름+시작index, 배열이름+마지막index+1)을 통해 오름차순 정렬을 수행할 수 있다. 만약 내림차순의 정렬이 필요하다면 index를 거꾸로 사용하는 방법이나 (-1)을 곱해서 오름차순 정렬하는 방법을 이용한다.

```cpp
#include <stdio.h>
#include <algorithm>

using namespace std;

int arr[100];
int main() {
    arr[0] = 5;
    arr[1] = 3;
    arr[2] = 1;
    for (int i = 0; i < 3; i ++) {
        printf("%d ", arr[i]);
    }
    printf("%\n");
    // 오름차순 정렬
    sort(arr + 0, arr + 2 + 1);
    for (int i = 0; i < 3; i ++) {
        printf("%d ", arr[i]);
    }
    printf("%\n");

    // 내림차순 첫번째 방법
    // 오름차순 정렬 후 뒤에서 부터 출력한다.
    for (int i = 0; i < 3; i ++) {
        printf("%d ", arr[2 - i]);
    }
    printf("\n");

    // 내림차순 두번째 방법
    // 오름차순 정렬 후 뒤에서 부터 출력한다.
    for (int i = 2; i >= 0; i --) {
        printf("%d ", arr[i]);
```

```
33        }
34        printf("\n");
35
36        // 내림차순 세번째 방법
37        // 기존 배열에 모두 (-1)을 곱한다
38        for (int i = 0; i < 3; i ++) {
39            arr[i] = arr[i] * (-1);
40        }
41        // (-1)이 곱해진 배열을 오름차순 정렬
42        sort(arr + 0, arr + 2 + 1);
43        // 다시 (-1)을 곱해 원래 값으로 바꾼다.
44        for (int i = 0; i < 3; i ++) {
45            arr[i] = arr[i] * (-1);
46        }
47        for (int i = 0; i < 3; i ++) {
48            printf("%d ", arr[i]);
49        }
50    }
```

2차원 배열 정렬

C++에서의 2차원 정렬은 구조체와 comparator를 만들어 다음과 같이 정렬하는 방법을 추천한다. comparator의 역할이 궁금하다면 2차원 배열을 1차원 정렬처럼 구현해보고 결과를 비교해보도록 하자.

```cpp
#include <stdio.h>
#include <algorithm>

using namespace std;

struct st {
    int t1, t2;
};
// t1->t2순으로 오름차순 정렬
bool comp1(const struct st &a, const struct st &b) {
    if (a.t1 == b.t1) return a.t2 < b.t2;
    else return a.t1 < b.t1;
}
// t1->t2순으로 내림차순 정렬
bool comp2(const struct st &a, const struct st &b) {
    if (a.t1 == b.t1) return a.t2 > b.t2;
    else return a.t1 > b.t1;
}
int main() {
    st arr2[10];
    for (int i = 0; i < 10; i ++) {
        scanf("%d %d", &arr2[i].t1, &arr2[i].t2);
    }
    // 오름차순 정렬
    sort(arr2, arr2 + 10, comp1);
    for (int i = 0; i < 10; i ++) {
        printf("arr2[%d] : %d %d\n", i, arr2[i].t1, arr2[i].t2);
    }
    // 내림차순 정렬
    sort(arr2, arr2 + 10, comp2);
    for (int i = 0; i < 10; i ++) {
        printf("arr2[%d] : %d %d\n", i, arr2[i].t1, arr2[i].t2);
    }
}
```

JAVA

1차원 배열 정렬

기본적으로 Arrays.sort(배열이름, 시작index, 마지막index+1);을 사용하면 오름차순 정렬이 된다. 만약 내림차순의 정렬이 필요하다면 오름차순 정렬 후 index를 거꾸로 사용하거나 (-1)을 곱해서 오름차순으로 정렬하는 방법을 사용한다. Arrays.sort(배열이름) 형태로 정렬을 수행할 수도 있으나, 배열의 크기가 우리가 원하는 정렬의 범위보다 큰 경우 불필요한 값(Garbage value)까지 정렬되어 잘못된 결과를 도출할 수 있으므로 반드시 범위를 지정하여 정렬하는 습관을 들이도록 하자.

```java
int arr[] = new int[100];
arr[0] = 5;
arr[1] = 3;
arr[2] = 1;
// 범위를 지정하지 않고 정렬을 수행한 경우
Arrays.sort(arr);
for(int i =0; i < 3; i ++){
    System.out.print(arr[i]+" ");
}
System.out.println();
// 원하는 결과 : 1,3,5
// 실제 출력결과 : 0, 0, 0
// 배열의 크기가 100이기 때문에 {5,3,1,0,0, ..., 0} 으로 구성되어 있다.
// 따라서 별도의 범위 지정 없이 정렬하면
// {0, 0, 0, ..., 0, 1, 3, 5} 로 정렬이 되기 때문에
// 제일 앞 0,0,0 을 출력하게 되는 것이다.

// Arrays.sort(배열이름, 시작index, 마지막index+1);
// arr이라는 배열을[0 ~ 2]까지 오름차순 정렬
Arrays.sort(arr, 1, 3);
for(int i =0; i < 3; i ++){
    System.out.print(arr[i]+" ");
}
System.out.println();

// 내림차순 첫번째 방법
// 오름차순 정렬 후 뒤에서 부터 출력한다.
for(int i =0; i < 3; i ++){
```

```
29          System.out.print(arr[2 - i]+" ");
30 }
31 System.out.println();
32
33 // 내림차순 두번째 방법
34 // 오름차순 정렬 후 뒤에서 부터 출력한다.
35 for(int i = 2; i >= 0; i --){
36          System.out.print(arr[i]+" ");
37 }
38 System.out.println();
39
40 // 내림차순 세번째 방법
41 // 기존 배열에 모두 (-1)을 곱한다.
42 for(int i = 0; i < 3; i ++){
43      arr[i]=(-1)*arr[i];
44 }
45 // (-1)이 곱해진 배열을 오름차순 정렬한다.
46 Arrays.sort(arr, 1, 3);
47 // 다시 (-1)을 곱해 원래 값으로 바꾼다.
48 for(int i = 0; i < 3; i ++){
49      arr[i]=(-1)*arr[i];
50 }
51 for(int i =0; i < 3; i ++){
52          System.out.print(arr[i]+" ");
53 }
54 System.out.println();
```

2차원 배열 정렬

2차원 이상 배열의 정렬은 배열의 원소 중 어느 것을 기준으로 삼고 결정할지를 comparator를 통해 정해주고 정렬을 수행한다.

```java
1  // n이라는 배열을 start부터 end까지 정렬한다.
2  Arrays.sort(n,start,end+1,new Comparator <int[]>() {
3
4          @Override
5          public int compare(int[] o1, int[] o2) {
6  // 기준이 되는 원소를 비교한다.
7  // 이 코드의 경우 첫번째원소 n[][0]의 대소를 먼저 비교하고
8  // 만약 n[][0]의 값이 같다면 n[][1]의 값을 비교한다
9  // return값이 o2-o1 이면 내림차순, o1-o2이면 오름차순정렬
10             if(o1[0]==o2[0]) return o1[1]-o2[1];
11             else return o1[0]-o2[0];
12         }
13     });
```

만약 comparator를 작성하는 것이 어렵다면 자동완성(CTRL+F10)을 통해 조금 쉽게 comparator를 작성할 수 있다.

1. "Arrays.sort(배열, 시작index, 마지막index+1, new comparator);" 을 작성한 후 자동완성(CTRL+F10)을 실행한다. 자동완성 실행 후 나타나는 아래와 같은 박스에서 "Comparator() Anonymouse inner Type – java.util" 을 더블클릭 한다.

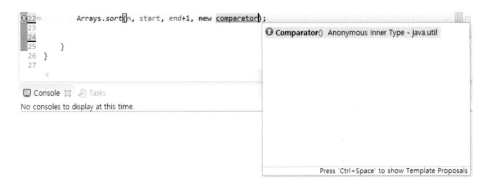

[그림1]

2. 완성된 Arrays.sort(배열이름, 시작index, 마지막index+1, new Comparator⟨T⟩(){});
   에서 T부분을 우리가 원하는 자료형으로 변경해 준다.

```
22⊖   Arrays.sort(n, start, end+1, new Comparator<|>() {
23    });
24
```

[그림2]

3. new Comparator⟨자료형⟩() 부분에 생긴 빨간 밑줄에 마우스 커서를 올리면
   아래와 같은 노란 박스에서 "add unimplemented methods"를 클릭한다.

```
22⊖   Arrays.sort(n, start, end+1, new Comparator<int []>() {
23    });                          ┌─────────────────────────────────────────
24                                 │  The type new Comparator<int[]>(){} must implem
25                                 │  Comparator<int[]>.compare(int[], int[])
26   }                             │ 1 quick fix available:
27 }                              │  ⟳  Add unimplemented methods
```

[그림3]

4. 아래와 같이 Comparator의 기본 틀이 완성되고, 우리가 원하는 나머지 코드
   (오름차순/내림차순 여부, 기준 배열 설정)를 작성한다.

```
22⊖       Arrays.sort(n, start, end+1, new Comparator<int []>() {
23
24⊖           @Override
25            public int compare(int[] o1, int[] o2) {
26                // TODO Auto-generated method stub
27                return 0;
28            }
```

[그림4]

탐욕법(Greedy Algorithm)이란 흔히 말하는 직관에 의한 풀이법 중 하나로 큰 문제를 작은 단계들로 쪼갠 후 각 단계에서 다른 단계는 모두 배제하고 각 단계에서 최선의 선택을 하는 기법을 의미한다. 탐욕법은 우리가 생활 속에서 많이 사용하고 있는 알고리즘이지만 부분 단계에서 최선의 선택을 하는 탐욕적 기법이 항상 전체 문제의 최적해를 보장하지 않는다는 맹점을 가지고 있다. 다시 말해 탐욕법을 통해 문제를 풀기 위해서는, 각 단계의 '최선의 선택'이 전체 문제의 최적해를 보장한다는 것이 먼저 증명되어야만 한다.

앞에서 살펴본 거스름돈 문제를 다시 한 번 생각해보자.

[예제 1]

효연이는 슈퍼마켓을 운영하고 있고, 이 슈퍼마켓에는 100원, 500원, 1,000원짜리의 동전만 가지고 있다. 효연이는 거스름돈에 사용되는 동전의 개수를 최소화하고 싶다. 거스름돈 금액이 N원일 때, 효연이가 손님에게 줘야 할 최소한의 동전 개수를 구하는 프로그램을 작성하시오. (단, 효연이의 슈퍼마켓에서 보유하고 있는 각 동전의 개수는 충분히 많다고 가정한다.)

거스름돈을 최소한의 동전 개수로 지급하는 것이 목적이기 때문에, 우리는 가장 단위가 큰 동전부터 지급하는 탐욕적 접근을 하기 쉽다. 실제로 예제 1번의 경우 이 방법으로 문제를 풀면 우리가 원하는 답을 구할 수 있다.

하지만 아래 문제를 살펴보자.

[예제 2]

효연이는 슈퍼마켓을 운영하고 있고, 이 슈퍼마켓에는 100원, 700원, 1,000원짜리의 동전만 가지고 있다. 효연이는 거스름돈에 사용되는 동전의 개수를 최소화하고 싶다. 거스름돈 금액이 N원일 때, 효연이가 손님에게 줘야 할 최소한의 동전 개수를 구하는 프로그램을 작성하시오. (단, 효연이의 슈퍼마켓에서 보유하고 있는 각 동전의 개수는 충분히 많다고 가정한다.)

[예제 2]에서는 [예제 1]과 다르게 가장 단위가 큰 동전부터 지급하는 것이 최선이 아닌 반례들이 존재한다. 예를 들어 1,500원을 지급하기 위해선 액면가가 가장 큰 1000원

짜리부터 지급하는 방법 (1000원×1 + 100원×5 → 총 6개의 동전 사용)이 최선의 경우가 아님을 알 수 있다. (700원×2 + 100원×1 -> 총 3개의 동전 사용)

왜 이런 차이가 발생하는지를 귀류법으로 증명해보면 다음과 같다. (이해가 잘되지 않는다면 가볍게 읽고 지나가도 무방하다.)

[예제 1]에서, N원을 지급하기 위해 액면가가 큰 동전부터 최대한 많은 개수를 선택한 경우와 그렇지 않은 경우를 생각해보자. 즉, 1,000원짜리부터 최대 개수 a개, 500원 짜리의 최대 개수 b개, 100원짜리의 최대개수 c개를 지급하는 [방법1]이 있다. 만약 [방법1]과 다르게 액면가가 큰 동전을 최대한 지급하지 않아도 전체 동전의 개수는 [방법1]보다 더 적게 지불하는 [방법2]가 있다고 가정해보자. 일반성을 잃지 않고, [방법2]에서는 1,000원짜리를 최대 개수 a개가 아닌 a보다 작은 a'개를 지급하고, 500원짜리는 b'개, 100원짜리는 c'개를 지급했다고 하자(a>a'). 1,000원짜리를 최대 개수로 지불하지 않았기 때문에, b'×500 + c'×100 ≥ 1000이 성립하고, 이 식은 1,000원을 만드는 (b"×500 + c"×100) 부분과 1,000원을 제외한 (b'-b")×500 + (c'-c")×100의 합으로 무조건 나눌 수 있다. 여기서 무조건 나눌 수 있음이 보장된다는 것이 핵심인데, 이것은 큰 액면가의 동전(1,000원)이 작은 액면가의 동전들(500원, 100원)의 배수이기 때문에 가능한 일이다. 결국 500원짜리 b"개와 100원짜리 c"개로 1000원을 지급하는데 필요한 동전의 개수는 1000원짜리 한개로 지급하는 경우보다 동전이 많이 필요하므로 [방법2]가 존재한다는 가정에 모순된다. 따라서 액면가가 큰 동전들의 금액이 액면가가 작은 동전들의 배수관계에 있는 경우 액면가가 큰 동전부터 최대한 지급하는 것이 최선의 방법임을 알 수 있다.

결국 거스름돈 문제에서 탐욕법을 사용하여 풀어도 되는 문제는 큰 동전의 액면가가 작은 동전들의 액면가의 배수관계를 만족할 때만 가능하다. 이처럼 탐욕법을 사용하여 문제를 풀어도 되는지를 판단하기 위해선 상당히 까다로운 증명이 수반되어야 하는데 실제 시험에선 이런 증명을 직접 하는 것이 쉽지 않을뿐더러 추천하지도 않는다. 즉, 탐욕법은 최적해를 보장하지 않는다는 점을 명심하고 탐욕법을 사용하여 문제를 풀 때는 적어도 반례가 있는지를 여러 케이스에 대해 확인하여야 한다.

[문제 5-3-1. 딱지 수집]

힙, 정적 메모리 모두 합쳐서 256MB이내, 스택 메모리 1MB 이내
제한시간 C/C++ : 2초 이내, JAVA : 2.5초 이내

영미는 1일부터 N까지 매일 아침 8시에 A_i개의 딱지를 구매하여 오후 3시에 동생 현준이에게 딱지를 나눠준다. 단, 영미가 가지고 있는 딱지 개수의 범위 내에서 아래와 같은 규칙을 지키기로 했다.

1. 현준이에게는 하루에 P개 이하의 딱지를 준다.
2. 딱지를 나눠주고 남은 딱지가 있다면 보관하고 다음 날 구매한 딱지와 합한다.

현준이는 최종적으로 K개 딱지를 갖고 싶어 하고, 영미도 현준이가 원하는 개수의 딱지를 가능한 빠른 시일 안에 주고 싶다. 이때, 현준이가 K개의 딱지를 갖게 되는데 필요한 최소 일수를 구하시오. 만약 불가능할 경우 -1을 출력한다.

[입력]

첫 번째 줄에 테스트케이스의 수 T(1≤T≤50)가 주어진다.

각 테스트케이스마다 첫 번째 줄에는 영미가 딱지를 구매하는 날짜 N, 현준이가 희망하는 딱지 개수 K, 하루에 받을 수 있는 최대 딱지의 양 P가 각각 공백을 두고 주어진다.

(1≤N≤100, 1≤ K ≤10,000, 1≤ P ≤100)

두 번째 줄에는 영미가 1일부터 N일까지 매일 구매하는 딱지의 개수 A_i가 공백을 두고 N개 주어진다.(1≤ A_i ≤100)

[출력]

각 줄마다 "#T"(T는 테스트케이스 번호)를 출력한 뒤, 현준이가 K개의 딱지를 갖기 위해 필요한 최소 일수를 출력한다. 단, 불가능할 경우 -1을 출력한다.

[sample input]
5
2 3 8
1 2

```
3 17 6
10 10 10
1 9 9
10
19 129 8
3 3 10 11 4 7 3 8 10 2 11 6 11 9 4 2 11 10 5
13 104 11
94 55 20 96 86 76 13 71 13 1 32 76 69
```

[sample output]
#1 2
#2 3
#3 1
#4 -1
#5 10

[문제 5-3-1. 딱지 수집] 문제 접근법

문제에서 최대한 빠른 시일 안에 K개의 딱지를 나눠주어야 하므로 매일 **가능한 많은 딱지**를 주어야 한다. 따라서 영미가 가지고 있는(나눠 줄 수 있는) 딱지 수와 하루에 최대로 줄 수 있는 딱지 수 P를 비교하여 **적은 값**을 나눠주어야 한다는 것이 문제의 핵심이다.

주의해야 할 점은 영미는 N일 동안 오전 8시에 딱지를 구매하고, 오후 3시에 나눠주기로 하였으므로 먼저 영미가 구매한 딱지를 합산한 후 현준이에게 딱지를 나눠주는 순서를 지켜야 한다. 또한, 만약 마지막 N일까지 딱지를 나눠주어도 목표로 한 K개의 딱지를 주지 못한 경우 −1을 출력해야 한다는 점을 기억하자.

[문제 5-3-1. 딱지 수집] **모범 코드**

C++

```cpp
#include <stdio.h>
#include <algorithm>

using namespace std;

int T;
int N, K, P;
int A[101];
int main() {
    scanf("%d", &T);
    for (int test_case = 1; test_case <= T; test_case ++) {
        scanf("%d %d %d", &N, &K, &P);
        for (int i = 1; i <= N; i ++) {
            scanf("%d", &A[i]);
        }
        // 답이없을 경우 -1 출력
        int Answer = -1;
        // 영미가 가지고있는 딱지의 수
        int rem = 0;
        for (int i = 1; i <= N; i ++) {
            rem = rem + A[i];
            // 한번에 줄수있는 최대한의 딱지의 수
            int m = min(P, rem);
            K = K - m;
            rem = rem - m;
            if (K <= 0) {
                Answer = i;
                break;
            }
        }
        printf("#%d %d\n", test_case, Answer);
    }
}
```

JAVA

```java
1   import java.util.Scanner;
2
3   public class Solution {
4       static int T;
5       static int N, K, P;
6       static int A[] = new int[101];
7
8       public static void main(String[] args) {
9           Scanner sc = new Scanner(System.in);
10          T = sc.nextInt();
11          for (int test_case = 1; test_case <= T; test_case ++) {
12              N = sc.nextInt();
13              K = sc.nextInt();
14              P = sc.nextInt();
15              for (int i = 1; i <= N; i ++) {
16                  A[i] = sc.nextInt();
17              }
18              // 답이없을 경우 -1 출력
19              int Answer = -1;
20              // 영미가 가지고있는 딱지의 수
21              int rem = 0;
22              for (int i = 1; i <= N; i ++) {
23                  rem = rem + A[i];
24                  // 한번에 줄수있는 최대한의 딱지의 수
25                  int m = Math.min(P, rem);
26                  K = K - m;
27                  rem = rem - m;
28                  if (K <= 0) {
29                      Answer = i;
30                      break;
31                  }
32              }
33              System.out.println("#" + test_case + " " + Answer);
34          }
35      }
36  }
```

[문제 5-3-2] 드래곤 사냥

힙, 정적 메모리 모두 합쳐서 256MB이내, 스택 메모리 1MB 이내
제한시간 C/C++ : 2초 이내, JAVA : 2.5초 이내

성환이는 이번에 새로 출시된 드래곤 사냥이라는 게임을 해보려 한다. 이 게임은 플레이어의 캐릭터로 N마리의 드래곤을 해치우면 성공하는 게임이며 각 드래곤을 해치우기 위해선 캐릭터가 해당 드래곤보다 높은 파워를 가지고 있어야 한다. 드래곤을 물리칠 경우 보상으로 추가 파워를 얻게 되지만 해당 드래곤보다 낮은 파워로 드래곤과 싸울 경우 게임은 패배로 끝난다. 성환이가 N마리의 드래곤을 모두 처치하기 위해서 해치워야 할 드래곤의 번호를 순서대로 출력하는 프로그램을 작성하시오.

[입력]

첫 번째 줄에 테스트케이스의 수 T(1≤T≤50)가 주어진다.

각 테스트케이스마다 첫 번째 줄에는 최초 캐릭터의 파워P와 드래곤의 수N이 공백을 두고 주어진다. (1≤P≤10000, 1≤N≤100000)

다음 줄부터 N줄에 걸쳐 1번 드래곤부터 N번 드래곤까지의 파워 K_i 와 B_i 가 공백을 두고 주어진다. (1≤ K_i, B_i ≤10000)

[출력]

각 줄마다 "#T"(T는 테스트케이스 번호)를 출력한 뒤, 성환이가 N마리의 드래곤을 모두 처치하기 위해서 해치워야 할 드래곤의 번호를 공백을 두고 순서대로 출력한다. 여러 가지 방법이 있다면 그중 아무거나 출력하여도 정답으로 인정한다. 만약 어떤 방법으로든 드래곤을 모두 처치할 수 없다면, -1을 출력한다.

[sample input]

```
7
10 1
100 100
2 2
1 99
```

```
100 0
10 10
2 10
3 10
4 10
2 20
3 20
3 20
100 50
100 30
150 30
200 10
100 5
99 100
199 1
199 1
199 1
202 1
5 10
20 1
4 3
5 1
100 1
4 2
101 1
10 0
10 2
17 3
12 84
10 4
20 1
3 5
```

2 4
1 3
10 10
2 10
3 10
4 10
2 20
3 20
3 20
100 50
100 30
150 30
200 10

[sample output]
#1 -1
#2 1 2
#3 -1
#4 1 2 3 4 5
#5 2 5 3 7 8 10 9 1 4 6
#6 4 3 2 1
#7 -1

[문제 5-3-2. 드래곤 사냥] **문제 접근법**

캐릭터의 파워보다 높은 파워를 가진 드래곤을 만나면 게임에서 패배하게 되므로 캐릭터의 파워보다 낮은 드래곤들을 먼저 모두 물리치고 파워를 높여 더 높은 드래곤들을 해치워야 한다.

따라서 1번 드래곤부터 N번드래곤 까지 살펴보면서 캐릭터보다 낮은 파워의 드래곤들을 모두 해치운 후 보너스 파워를 캐릭터에 추가하고, 다시 1번부터 N번 드래곤까지 탐색하면서 아직 내가 해치우지 않은 드래곤 중 파워가 낮은 드래곤을 탐색하는 방식을 반복하여도 문제를 풀 수는 있다.

이 방법을 사용하였을 때의 시간복잡도를 생각해보자. 최악의 경우인 N=100000 이고, 캐릭터의 초기 파워가 2, 드래곤들의 파워가 순서대로 {100000, 99999, 99998, ... , 1}인 경우 처음엔 10만 개를 모두 탐색하여 10만 번째 드래곤을 해치우고, 다시 99999번 탐색하여 99999번째 드래곤을 해치우고 ... 즉, $O(N)$의 탐색을 N번 진행하므로 시간복잡도는 $O(N^2)$가 된다. 하지만 N이 10만이므로, 이 방법으로는 제한시간 내에 통과할 수 없음을 알 수 있다.

다른 방법을 생각해보면 결국 우리는 낮은 파워를 가진 드래곤부터 해치우면 되기 때문에 드래곤들의 파워 순으로 오름차순 정렬하여 탐색하면 문제를 더 빠르게 풀 수 있다. 드래곤을 정렬하는데 드는 시간복잡도는 $O(N\log_2 N)$, 정렬 후 N마리의 드래곤을 탐색하는데 드는 시간복잡도는 $O(N)$이므로 이 경우 최종 시간복잡도는 $O(N\log_2 N+N)$ = $O(N\log_2 N)$이 된다. 따라서 제한시간 내에 문제를 해결할 수 있다.

[문제 5-3-2. 드래곤 사냥] **모범 코드**

C++

```cpp
1   #include <stdio.h>
2   #include <algorithm>
3
4   using namespace std;
5
6   int T, is_Answer;
7   int P, N;
8   struct st {
9       // 파워, 보너스, 드래곤의 번호
10      int K, B, idx;
11  };
12  struct st M[1001];
13  // K기준 오름차순 정렬
14  bool comp(const struct st &a, const struct st &b) {
15      return a.K < b.K;
16  }
17
18  int main() {
19      scanf("%d", &T);
20      for (int test_case = 1; test_case <= T; test_case ++) {
21          scanf("%d %d", &P, &N);
22          for (int i = 1; i <= N; i ++) {
23              scanf("%d %d", &M[i].K, &M[i].B);
24              M[i].idx = i;
25          }
26          // 드래곤의 파워 기준 오름차순 정렬
27          sort(M + 1, M + N + 1, comp);
28          is_Answer = 1;
29          // 정렬된 드래곤을 순서대로 □색
30          for (int i = 1; i <= N; i ++) {
31              if (M[i].K < P) {
32                  P = P + M[i].B;
33              }
34              else {
35                  is_Answer = -1;
36                  break;
37              }
38          }
```

```
39        if (is_Answer == -1) {
40            printf("#%d -1\n", test_case);
41        }
42        else {
43            printf("#%d ", test_case);
44            for (int i = 1; i <= N; i ++) {
45                printf("%d ", M[i].idx);
46            }
47            printf("\n");
48        }
49    }
50 }
```

JAVA

```java
1   import java.util.Arrays;
2   import java.util.Comparator;
3   import java.util.Scanner;
4
5   public class Solution {
6
7       static int T, is_Answer;
8       static int P, N;
9       // M[i][1] : 파워
10      // M[i][2] : 보너스
11      // M[i][3] = 드래곤 번호
12      static int M[][] = new int[1001][4];
13
14      public static void main(String[] args) {
15          Scanner sc = new Scanner(System.in);
16          T = sc.nextInt();
17          for (int test_case = 1; test_case <= T; test_case++) {
18              P = sc.nextInt();
19              N = sc.nextInt();
20              for (int i = 1; i <= N; i ++) {
21                  M[i][1] = sc.nextInt();
22                  M[i][2] = sc.nextInt();
23                  M[i][3] = i;
24              }
25              Arrays.sort(M, 1, N + 1, new Comparator <int[]>() {
26
27                  @Override
28                  public int compare(int[] o1, int[] o2) {
29                      // 드래곤의 파워 M[i][1] 기준 오름차순 정렬
30                      return o1[1] - o2[1];
31                  }
32              });
33              is_Answer = 1;
34              for (int i = 1; i <= N; i ++) {
35                  if (M[i][1] < P) {
36                      P = P + M[i][2];
37                  }
38                  else {
39                      is_Answer = -1;
40                      break;
```

```
41                    }
42                }
43            if (is_Answer == -1) {
44                System.out.println("#" + test_case + " -1");
45            }
46            else {
47                System.out.print("#" + test_case + " ");
48                for (int i = 1; i <= N; i ++) {
49                    System.out.print(M[i][3] + " ");
50                }
51                System.out.println();
52            }
53        }
54    }
55 }
```

Summary

• 정렬은 라이브러리를 사용하여 수행하도록 하자. 직접 구현하는 정렬은 일반적으로 수행속도도 느릴뿐더러 구현 도중 실수가 있을 수도 있다.

• 2차원 이상의 정렬시 필요한 comparator의 사용법에 대해서 숙지하도록 하자.

• 직관에 의한 풀이법인 탐욕법은 최적해를 보장하지 않을 수도 있음을 명심하자.

• 탐욕법을 사용하기 위해선 증명이 수반되어야 하는 것이 정확한 풀이법이지만, 증명하기가 힘들다면 적어도 반례가 있는지는 살펴보도록 하자.

5-4. 동적 계획법(Dynamic Programming, DP)

동적 계획법(Dynamic Programming, DP)은 큰 문제를 작은 문제로 나눠서 푸는 알고리즘이다. 앞에서 배운 탐욕법(Greedy Algorithm)도 마찬가지로 큰 문제를 작은 단계로 나누어 푸는 방법이지만 탐욕법은 작은 단계에서 최선의 방법만 고려하는 반면 동적계획법은 작은 단계에서 모든 방법을 계산한다는 차이점이 있다. 즉 탐욕법은 부분 단계의 최선의 선택들이 전체의 최적방법이 되어야 하지만, 동적 계획법에선 일부 부분 단계에서는 최선이 아닌 방법들이 전체 문제에선 최적방법이 되는 경우도 고려한다는 차이가 있다.

앞에서 살펴본 거스름돈 문제를 동적 계획법과 탐욕법 두 가지의 접근 방법으로 나누어 생각해 보자.

[예제1]

효연이는 슈퍼마켓을 운영하고 있고, 이 슈퍼마켓에는 100원, 700원, 1,000원짜리의 동전만 가지고 있다. 효연이는 거스름돈에 사용되는 동전의 개수를 최소화하고 싶다. 거스름돈 금액이 N원일 때, 효연이가 손님에게 줘야 할 최소한의 동전 개수를 구하는 프로그램을 작성하시오. (단, 효연이의 슈퍼마켓에서 보유하고 있는 각 동전의 개수는 충분히 많다고 가정한다.)

N = 1500일 때, 1,000원짜리를 지급하는 방법, 700원짜리를 지급하는 방법, 100원 짜리를 지급하는 방법의 세 가지 부분 문제로 나눌 수 있다.

1. 탐욕법

1,000원짜리부터 순서대로 최대한 많이 사용하여 동전의 개수를 줄이는게 부분 문제에선 최선이므로, 1,000원짜리 1개, 700원짜리 0개, 100원짜리 5개, 총 6개를 사용한다.

2. 동적 계획법

모든 경우를 생각한다. 즉, 모든 경우를 살펴 각 부분 문제에선 최선의 경우가 아니더라도 전체 문제에서 최선이 되는 경우를 찾는다.

1000원	700원	100원	총 개수
1개	0개	5개	6개
0개	2개	1개	3개
0개	1개	8개	9개
0개	0개	15개	15개

　여기까지 생각해보면 모든 경우를 생각해 본다는 것은 결국 DFS에서 배운 완전탐색 기법과 비슷하다고 생각할 수 있다. 하지만 동적계획법이 완전탐색과 다른 점은 메모이제이션(Memoization)을 사용하여 수행시간을 단축한다는 점이다. 즉, 모든 경우에 대하여 부분문제를 매번 계산하는 완전탐색과 다르게, 계산한 부분문제들의 데이터를 별도 메모리에 저장하여 추후에 같은 계산이 필요한 경우가 생기면 상수시간만에 해당 값을 호출한다는 차이가 있다. 다음 예제를 통해 좀 더 자세히 살펴보자.

[예제2]

　1, 1, 2, 3, 5, 8, 13, … 처럼 이전 두 개의 항의 합을 다음 항으로 가지는 수열을 피보나치 수열이라고 한다. (1+2=3, 2+3=5, 3+5=8, …)
　N번째 피보나치 수열을 구하는 프로그램을 작성하시오. 단, N은 90 이하의 자연수이다.

---

1. 재귀 함수를 통해 피보나치 수열을 구하는 코드

C++

```cpp
#include <stdio.h>

int N;
longfibo(int num) {
    // 1,2번째 항의 값은 1
    if (num <= 2) {
        return 1;
    }
    else {
        return fibo(num - 1) + fibo(num - 2);
```

```
11       }
12  }
13  int main() {
14      scanf("%d", &N);
15      printf("%lld", fibo(N));
16  }
```

JAVA

```java
 1  import java.util.Scanner;
 2
 3  public class Solution {
 4      static int N;
 5
 6      public static long fibo(int num) {
 7          // 1,2번째 항의 값은 1
 8          if (num <= 2) {
 9              return 1;
10          }
11          else {
12              return fibo(num - 1) + fibo(num - 2);
13          }
14      }
15      public static void main(String[] args) {
16          Scanner sc = new Scanner(System.in);
17          N = sc.nextInt();
18          System.out.println(fibo(N));
19      }
20  }
```

예를 들어 7번째 피보나치 수열을 구한다고 가정하면 fibo(7)은 fibo(6), fibo(5) 두개의 fibo함수를 호출하고, 이때 호출된 각각의 fibo(6)와 fibo(5)역시 두개의 fibo(5), fibo(4)와 fibo(4), fibo(3)을 호출한다. 즉 fibo(N)은 결국 $O(2^N)$의 시간복잡도를 갖게 된다.

이 과정을 자세히 살펴보면 이미 호출한 적 있는 fibo(3)이나 fibo(4)같은 함수들이 다시 호출되는 경우가 있는데, 이때 이미 계산한 값을 따로 저장하고 있다면 불필요한 호출을 줄일 수 있다는 것이 메모이제이션 기법의 핵심이다.

2. 메모이제이션을 추가하여 피보나치 수열을 구하는 코드

C++

```cpp
1   int N;
2   long long dp[91];
3   long long fibo(int num){
4           // 한번도 계산한적이 없다면 재귀함수로 계산
5           if (dp[num] == -1){
6               dp[num] = fibo(num -1) + fibo(num -2);
7           }
8           return dp[num];
9   }
10  int main(){
11      // 메모이제이션 배열의 초기값을 -1로 세팅
12      for(int i = 1;i <= 90; i ++){
13          dp[i] = -1;
14      }
15      dp[1] = 1;
16      dp[2] = 1;
17      scanf("%d", &N);
18      printf("%lld", fibo(N));
19  }
```

JAVA

```java
1   import java.util.Scanner;
2
3   public class Solution {
4       static int N;
5       static long dp[] = new long[91];
6
7       public static long fibo(int num) {
8           // 한번도 계산한적이 없다면 재귀함수로 계산
9           if (dp[num] == -1){
10              dp[num] = fibo(num -1) + fibo(num -2);
11          }
12          return dp[num];
13      }
14      public static void main(String[] args) {
15          Scanner sc = new Scanner(System.in);
16          // 메모이제이션 배열의 초기값을 -1로 세팅
```

```
17          for(int i = 1;i <= 90; i++){
18              dp[i] = -1;
19          }
20          dp[1] = 1;
21          dp[2] = 1;
22          N = sc.nextInt();
23          System.out.println(fibo(N));
24      }
25  }
```

메모이제이션의 핵심은 결국 C++코드에서 5번째 줄, JAVA코드에서 9번째 줄이다.
즉, 기존에 한 번이라도 계산된 적이 없을 경우에만 재귀함수를 통해 계산을 수행하고,
그렇지 않은 경우는 저장되어있는 값을 바로 리턴하여 연산 횟수를 줄인다. 이 경우 N
개의 피보나치 수열이 정확히 한 번씩 계산되므로 시간복잡도는 O(N)이다. 구체적으로
살펴보고 싶으면 fibo함수가 시작되는 부분에 count++를 추가하여 최종 count의 값
을 살펴보거나 N=90일 때의 피보나치 수열을 구해보도록 하면 메모이제이션 유무에
따른 시간차이를 느껴볼 수 있다. ($2^{90} = 1,237,940,039,285,380,274,899,124,224$)

같은 시간복잡도이지만 재귀함수를 이용하지 않고 동적계획법을 구현하는 방법은
다음과 같다.

3. 반복문을 이용한 동적계획법 코드

C++

```c++
1   #include <stdio.h>
2
3   int N;
4   int dp[91];
5   int main() {
6       dp[1] = 1;
7       dp[2] = 1;
8       scanf("%d", &N);
9       for (int i = 3; i <= N; i ++) {
10          dp[i] = dp[i - 1] + dp[i - 2];
11      }
12      printf("%d", dp[N]);
13  }
```

JAVA

```java
import java.util.Scanner;

public class Solution {
    static int N;
    static int dp[] = new int[91];

    public static void main(String[] args) {
        Scanner sc = new Scanner(System.in);
        N = sc.nextInt();
        dp[1] = 1;
        dp[2] = 1;
        for (int i = 3; i <= N; i ++) {
            dp[i] = dp[i - 1] + dp[i - 2];
        }
        System.out.println(dp[N]);
    }
}
```

　동적계획법은 일반적인 알고리즘 대회에서 가장 많이 출제되는 분야인데 그 이유는 문제를 읽고 점화식을 어떻게 구성하는지에 따라 시간복잡도와 공간복잡도가 확연히 달라지기 때문이다. 우리가 다뤄본 피보나치 수열 같은 경우는 문제에서 이미 점화식을 fibo(N) = fibo(N-1) + fibo(N-2)라고 주어줬지만 실제 동적계획법 문제에서는 점화식을 주지 않는 것이 일반적이다. 이 때문에 점화식을 제대로 구하는 것이 동적계획법 문제를 푸는데 90%이상의 역할을 한다고 생각하면 된다.

[문제 5-4-1] 징검다리 건너기

힙, 정적 메모리 모두 합쳐서 256MB이내, 스택 메모리 1MB 이내
제한시간 C/C++ : 2초 이내, JAVA : 2.5초 이내

윤식이는 N개의 징검돌로 이루어진 징검다리를 건너가려고 한다. 각 징검돌은 순서대로 1번부터 N번까지 번호가 붙여져 있으며 각 징검돌에는 점수가 쓰여져 있다. 징검돌을 밟을 때마다 징검돌에 쓰여진 점수를 누적하여 더하게 되고, 최종적으로 최대한 높은 점수를 얻으며 징검다리를 건너고 싶다. 징검돌을 밟는 횟수에는 제한이 없으나 다음과 같은 규칙을 지켜서 건너야 한다.

1. 징검돌은 한 번에 하나씩만 밟고, 작은 번호에서 높은 번호의 순서로만 밟는다.
2. i번째 징검돌을 밟은 상태라면, 다음번에 i+1번째 징검돌이나 i+2번째의 징검돌을 밟을 수 있다.
3. 단, 연속된 세 개의 징검돌을 밟아서는 안 된다. 즉, i번째 징검돌을 밟은 후 i+1번째 징검돌을 밟았다면, 그다음엔 i+2번째 징검돌을 밟을 수 없다.
4. 시작점은 3번 규칙의 징검돌에 포함되지 않는다. 즉, 시작점 → 1번 징검돌 → 2번 징검돌로 이동하는 경우도 가능하다.
5. 마지막 N번째 징검돌은 꼭 밟아야 한다.

[입력]
첫 번째 줄에 테스트케이스의 수 T(1≤T≤10)가 주어진다.
각 테스트케이스마다 첫 번째 줄에는 징검돌의 개수 N이 주어진다.(3≤N≤10000).
다음 줄에는 각 징검돌에 쓰여진 점수 S_i가 각각 공백을 두고 N개 주어진다. (1≤S_i≤1000)

[출력]
각 줄마다 "#T"(T는 테스트케이스 번호)를 출력한 뒤, 공백을 두고 윤식이가 모든 징검다리를 건넜을 때 얻을 수 있는 최대 점수를 출력한다.

[sample input]
3
6
10
20
15
25
10
20
5
19
7
33
12
25
10
1
2
3
4
5
6
7
8
9
1

[sample output]
#1 75
#2 77
#3 31

[문제 5-4-1. 징검다리 건너기] 문제 접근법

앞서 말한 것처럼 동적계획법의 핵심은 점화식을 세우는 것이다. D[i] 배열을 i번째 징검돌을 밟았을 때의 점수의 최대 누적값으로 정의할 수 있다. 단 문제에서 연속한 세 개의 징검돌을 밟을 수 없다고 하였으므로, 만약 i-1, i번째 징검돌을 밟은 경우라면 i+1번째 징검돌을 연속으로 밟을 수 없다. 따라서 단순히 i번째 징검돌을 밟았을 때의 최댓값을 구하는 것뿐만 아니라 연속된 징검돌을 밟았는지 여부도 판별할 수 있어야 하므로 D[i]가 아닌 D[i][j]의 2차원 배열로 나타내어 문제를 접근할 수 있다. (D[i][1] : i번째 징검돌을 밟았을 때의 최대값, 단 다음 연속된 i+1번째 징검돌을 밟을 수 없는 경우, D[i][2] : i번째 징검돌을 밟았을 때의 최대값, 단 다음 연속된 i+1번째 돌맹이를 밟을 수 있는 경우)

결국 D[i][j]배열은 N × 2배열이고, 배열의 값을 정확히 한 번씩만 갱신하기 때문에 시간복잡도는 O(N × 2)=O(N)이 되어 제한시간 내에 해결할 수 있다.

[문제 5-4-1. 징검다리 건너기] 모범 코드

C++

```cpp
1   #include <stdio.h>
2   #include <algorithm>
3
4   using namespace std;
5
6   int T, N;
7   int S[10001];
8
9   // D[i][1] : 마지막에 한 칸 건너 i지점에 도착했을 때 최대점수
10  // 즉, 다음번에 반드시 두 칸을 건너야 하는 경우
11  // i-1번째 징검돌 -> i번째 징검돌로 이동한 경우
12
13  // D[i][2] : 마지막에 두칸건너 i지점에 도착했을 때 최대점수
14  // 즉, 다음번에 한 칸을 건너든 두 칸을 건너든 상관없는 경우
15  // i-2번째 징검돌 -> i번째 징검돌로 이동한 경우
16  // 시작점 -> 1,2번째 징검돌로 이동한 경우
17  int D[10001][3];
18  int Answer;
19  int main() {
20      scanf("%d", &T);
21      for (int test_case = 1; test_case <= T; test_case++) {
22          scanf("%d", &N);
23          for (int i = 1; i <= N; i ++) {
24              scanf("%d", &S[i]);
25          }
26          // 시작점의 누적점수는 0
27          D[0][1] = D[0][2] = 0;
28          // 1번돌을 밟았을 때
29          D[1][2] = S[1];
30          // 2번돌부터 N번돌 까지 탐색
31          for (int i = 2; i <= N; i ++) {
32              // i-1 -> i로 이동한 경우
33              D[i][1] = D[i - 1][2] + S[i];
34              // i-2 -> i로 이동한 경우
35              D[i][2] = max(D[i - 2][1], D[i - 2][2]) + S[i];
36          }
37          Answer = max(D[N][1], D[N][2]);
38          printf("#%d %d\n", test_case, Answer);
39      }
40  }
```

JAVA

```java
1   import java.util.Scanner;
2
3   public class Solution {
4
5       static int T, N;
6       static int S[] = new int[10001];
7
8       // D[i][1] : 마지막에 한칸건너 i지점에 도착했을때 최대점수
9       // 즉, 다음번에 반드시 두칸을 건너야 하는 경우
10      // i-1번째 징검돌 -> i번째 징검돌로 이동한 경우
11
12      // D[i][2] : 마지막에 두 칸 건너 i지점에 도착했을 때 최대점수
13      // 즉, 다음번에 한 칸을 건너든 두 칸을 건너든 상관없는 경우
14      // i-2번째 징검돌 -> i번째 징검돌로 이동한 경우
15      // 시작점 -> 1,2번째 징검돌로 이동한 경우
16      static int D[][] = new int[10001][3];
17      static int Answer;
18      public static void main(String[] args) {
19          Scanner sc = new Scanner(System.in);
20          T = sc.nextInt();
21          for (int test_case = 1; test_case <= T; test_case++) {
22              N = sc.nextInt();
23              for (int i = 1; i <= N; i ++) {
24                  S[i] = sc.nextInt();
25              }
26              // 시작점의 누적점수는 0
27              D[0][1] = D[0][2] = 0;
28              // 1번돌을 밟았을 때
29              D[1][2] = S[1];
30              // 2번돌부터 N번돌 까지 탐색
31              for (int i = 2; i <= N; i ++) {
32                  // i-1 -> i로 이동한 경우
33                  D[i][1] = D[i - 1][2] + S[i];
34                  // i-2 -> i로 이동한 경우
35                  D[i][2] = Math.max(D[i - 2][1], D[i - 2][2]) + S[i];
36              }
37              Answer = Math.max(D[N][1], D[N][2]);
38              System.out.println("#" + test_case + " " + Answer);
39          }
40
41      }
42  }
```

[문제 5-4-2. 미로 찾기2]

힙, 정적 메모리 모두 합쳐서 256MB이내, 스택 메모리 1MB 이내
제한시간 C/C++ : 2초 이내, JAVA : 2.5초 이내

원진이는 세로 N, 가로 M 크기의 격자로 된 미로를 탈출하려고 한다. 시작점은 좌측 상단 (1,1)이고, 탈출구는 우측 하단 (N,M)이며 원진이는 우측 방향이나 아래 방향으로만 이동이 가능하다. 각 격자에는 점수가 쓰여져 있어서 해당 칸을 지나가면 그 칸에 쓰인 점수를 최종 점수에 합산하게 된다. 원진이가 미로를 탈출하면서 얻을 수 있는 최대 점수를 출력하는 프로그램을 작성하시오.

[입력]

첫 번째 줄에 테스트케이스의 수 T(1≤T≤10)가 주어진다.

각 테스트케이스마다 첫 번째 줄에는 격자의 세로의 길이 N과 가로의 길이 M이 공백을 두고 주어진다(3≤N, M≤3,000).

다음 N개의 줄에는 각 줄마다 M개의 숫자 S_{ij}들이 공백을 두고 주어지는데 S_{ij}는 (i, j)칸의 점수를 의미한다. (-50≤S_{ij}≤50)

[출력]

각 줄마다 "#T"(T는 테스트케이스 번호)를 출력한 뒤, 공백을 두고 미로를 탈출할 때 얻을 수 있는 최대 누적점수를 출력하는 프로그램을 작성하시오.

[제한 조건]

- 격자 밖으로 이동은 불가능하다.
- 좌측 상단의 좌표는 (1,1)이고 우측 하단의 좌표는 (N, M)이다.

[sample input]

```
4
3 4
-1 -5 1 13
15 1 7 11
```

```
5 -3 1 2
11 7
-45 -31 -6 48 27 44 37
21 47 -22 -3 32 -40 -25
-10 29 10 -47 47 42 -19
0 22 -16 1 -36 16 -29
5 13 -35 27 -25 13 -47
8 -19 31 -19 24 16 30
16 19 35 32 -12 -5 -17
-16 -7 -34 -41 48 42 16
-20 -10 41 -18 -27 -15 29
-30 49 48 27 -29 -37 20
-38 32 15 34 25 42 -20
6 6
44 -15 -48 41 -34 -9
6 -23 12 6 -44 -40
28 5 37 -25 36 -18
-33 -22 5 34 24 43
-31 -24 -25 31 -24 4
-23 11 -15 7 48 45
3 6
-8 -32 -50 -41 -42 -31
-20 -48 -20 -17 -1 -17
-20 -30 -38 -22 -14 -14

[sample output]
#1 35
#2 297
#3 290
#4 -142
```

[문제 5-4-2. 미로 찾기2] 문제 접근법

모든 경로를 완전탐색하는 방법으로 접근한다면 N과 M이 최댓값인 3000인 경우 경우의 수가 매우 많기 때문에 제한시간 내에 풀 수 없다. 따라서 다음과 같은 점화식을 통해 DP문제를 해결할 수 있다. $D[i][j]$: (i, j)지점까지 이동했을 때의 최대 누적점수. 문제에서 이동방향은 아래 방향과 우측방향만 가능하다고 했으므로, $D[i][j]$ = $max(D[i-1][j], D[i][j-1])$ 임을 알 수 있다. 이때 유의해야 할 점은 $i-1 \geq 1$, $j-1 \geq 1$ 인 경우에만 위 식을 사용해야 한다는 점이다. 사소해 보이는 index관리가 문제의 큰 걸림돌이 될 수 있으니 항상 유의하자.

[문제 5-4-2. 미로 찾기2] 모범 코드

C++

```cpp
1   #include <stdio.h>
2   #include <algorithm>
3
4   using namespace std;
5
6   int T, N, M;
7   // S[i][j] : (i,j)에 해당하는 점수
8   int S[3001][3001];
9   // D[i][j] : (i,j)까지 도달하면서 얻을 수 있는 최대점수
10  int D[3001][3001];
11  int main() {
12      scanf("%d", &T);
13      for (int test_case = 1; test_case <= T; test_case ++) {
14          scanf("%d %d", &N, &M);
15          // DP배열 초기화
16          // 최대값을 구할 땐, 얻을 수 있는 최소값보다 작게 설정한다.
17          // 반대로 최소값을 구하는 문제에선 최대값보다 크게 설정한다.
18          // 이 문제에서는 3000*3000*(-50)=(-450000000)이 가능하다.
19          for (int i = 1; i <= N; i ++) {
20              for (int j = 1; j <= M; j ++) {
21                  D[i][j] = -450000010;
22              }
23          }
24          for (int i = 1; i <= N; i ++) {
25              for (int j = 1; j <= M; j ++) {
26                  scanf("%d", &S[i][j]);
27              }
28          }
29          D[1][1] = S[1][1];
30          for (int i = 1; i <= N; i ++) {
31              for (int j = 1; j <= M; j ++) {
32                  if (i >= 2) {
33                      D[i][j] = max(D[i][j], D[i - 1][j]+S[i][j]);
34                  }
35                  if (j >= 2) {
36                      D[i][j] = max(D[i][j], D[i][j - 1]+S[i][j]);
37                  }
38              }
39          }
40          printf("#%d %d\n", test_case, D[N][M]);
41      }
42  }
```

JAVA

```java
1   import java.util.Scanner;
2
3   public class Solution {
4
5       static int T, N, M;
6       // S[i][j] : (i,j)에 해당하는 점수
7       static int S[][] = new int[3001][3001];
8       // D[i][j] : (i,j)까지 도달하면서 얻을 수 있는 최대점수
9       static int D[][] = new int[3001][3001];
10
11      public static void main(String[] args) {
12          Scanner sc = new Scanner(System.in);
13          T = sc.nextInt();
14          for (int test_case = 1; test_case <= T; test_case ++) {
15              N = sc.nextInt();
16              M = sc.nextInt();
17              // DP배열 초기화
18              // 최대값을 구할 땐, 얻을 수 있는 최소값보다 작게 설정한다.
19              // 반대로 최소값을 구하는 문제에선 최대값보다 크게 설정한다.
20              // 이 문제에서는 3000*3000*(-50)=(-450000000)이 가능하다.
21              for (int i = 1; i <= N; i ++) {
22                  for (int j = 1; j <= M; j ++) {
23                      D[i][j] = -450000010;
24                  }
25              }
26              for (int i = 1; i <= N; i ++) {
27                  for (int j = 1; j <= M; j ++) {
28                      S[i][j] = sc.nextInt();
29                  }
30              }
31              D[1][1] = S[1][1];
32              for (int i = 1; i <= N; i ++) {
33                  for (int j = 1; j <= M; j ++) {
34                      if (i >= 2) {
35                          D[i][j] = Math.max(D[i][j], D[i-1][j]+S[i][j]);
36                      }
37                      if (j >= 2) {
38                          D[i][j] = Math.max(D[i][j], D[i][j-1]+S[i][j]);
39                      }
40                  }
41              }
42              System.out.println("#" + test_case + " " + D[N][M]);
43          }
44      }
45  }
```

Summary

- 동적 계획법은 메모이제이션(Memoization)을 활용하여 불필요한 중복계산을 줄이는 것이 핵심이다.

- 메모이제이션을 위해선 일정 크기의 메모리(배열)이 필요하며, 문제의 제한 메모리 내에서 만들 수 있는 크기인지를 먼저 확인하자.

- 동적 계획법은 크게 재귀함수를 통해 구현하거나 반복문을 통해 구현할 수 있는데, 두 가지 방법 모두 알아두도록 하자.

- 동적 계획법 문제는 코딩능력보다는 점화식을 제대로 세우는 것이 가장 중요하다. 정확한 점화식을 만드는 데에 집중해서 시간을 할애해야 한다.

PART 06

실전문제

06 실전문제

앞에서 배운 핵심알고리즘을 바탕으로 삼성 소프트웨어 역량테스트 기출문제와 그와 비슷한 난이도의 문제들을 다뤄보도록 하겠다. 실전처럼 본인의 힘으로 문제를 풀어볼 수 있도록 문제에 대한 해설은 모범코드 뒤에 첨부하였다. 각 문제당 90분 이내에 푸는 것을 목표로 하고, 앞에서 언급한 evaluation input 만드는 방법을 활용해 sample input뿐만 아니라 다양한 input에 대해서도 제한시간 내에 올바른 정답을 출력하는지 확인해보자.

[문제 6-1. 와인 파티]

힙, 정적 메모리 모두 합쳐서 256MB이내, 스택 메모리 1MB 이내
제한시간 C/C++ : 1.5초 이내, JAVA : 2.5초 이내

　도연이는 취업 일주년을 맞아 친구들과 이틀에 걸쳐 와인파티를 하기로 했다. 도연이는 파티에 필요한 와인을 집 앞 와인샵에서 구매하려고 하는데 이 와인샵은 매일 와인의 판매가를 다르게 책정하기로 유명하다. 또한, 이 와인샵은 정확히 N+M병만을 판매하며, 한번 판매된 와인은 다시 입고되지 않는다. 주당인 도연이는 이틀 동안 와인샵에 있는 와인을 모두 구매하려한다. 구체적으로 오늘은 N병의 와인을, 내일은 M병을 구매할 계획이다. 도연이가 N+M병의 와인을 구매 할 때, 필요한 최소 비용을 출력하는 프로그램을 작성하시오.

[입력]
　첫 번째 줄에 테스트케이스의 수 T(1≤T≤50)가 주어진다.
　각 테스트케이스마다 첫 번째 줄에 도연이가 첫날 구매할 와인의 수 N, 둘째 날 구매할 와인의 수 M이 공백을 두고 주어진다. (1≤N, M≤100000)
　다음 줄에는 각 와인의 오늘 가격 A_i가 공백을 두고 N+M개 주어진다.
　그다음 줄에는 와인을 내일 가격 B_i가 공백을 두고 N+M개 주어진다.
　(1≤A_i, B_i≤1000)

[출력]
　각 줄마다 "#T"(T는 테스트케이스 번호)를 출력한 뒤, 공백을 두고 도연이가 N+M개의 와인을 구매하는 데 필요한 최소비용을 출력한다.

[sample input]
```
5
3 3
9 9 9 2 2 2
6 6 6 1 1 1
3 2
10 17 23 26 35
```

```
7  18  18  29  32
1  1
10  12
5  6
5  5
87  96  19  81  10  88  7  49  36  21
11  75  28  28  74  17  64  19  81  31
1  2
5  4  6
3  1  5

[sample output]
#1  24
#2  103
#3  16
#4  243
#5  10
```

[문제 6-1. 와인 파티] 모범 코드

C++

```cpp
#include <stdio.h>
#include <algorithm>

using namespace std;

// A : 첫째날 가격, B : 둘째날 가격, diff = A - B
struct st {
    int A, B, diff;
};
struct st W[100001];
// diff 순으로 오름차순 정렬을 위한 comparator
bool comp(const struct st &a, const struct st &b) {
    return a.diff < b.diff;
}
int T, N, M;
int Answer;
int main() {
    scanf("%d", &T);
    for (int test_case = 1; test_case <= T; test_case ++) {
        scanf("%d %d", &N, &M);
        for (int i = 1; i <= N +M; i ++) {
            scanf("%d", &W[i].A);
        }
        for (int i = 1; i <= N +M; i ++) {
            scanf("%d", &W[i].B);
        }
        for (int i = 1; i <= N +M; i ++) {
            W[i].diff = W[i].A - W[i].B;
        }
        // A - B가 작은 것 부터 먼저 선택해야 유리
        sort(W + 1, W + N + M + 1, comp);
        Answer = 0;
        for (int i = 1; i <= N; i ++) {
            Answer = Answer + W[i].A;
        }
        for (int i = N + 1; i <= N + M; i ++) {
            Answer = Answer + W[i].B;
        }
        printf("#%d %d\n", test_case, Answer);
    }
}
```

JAVA

```java
import java.util.Arrays;
import java.util.Comparator;
import java.util.Scanner;

public class Solution {

    // W[][0] : 첫째날 가격, W[][1] : 둘째날 가격
    // W[][2] : 첫째날 가격 - 둘째날 가격(=A-B)
    static int W[][] = new int[100001][3];
    static int T, N, M;
    static int Answer;

    public static void main(String[] args) {
        Scanner sc = new Scanner(System.in);
        T = sc.nextInt();
        for (int test_case = 1; test_case <= T; test_case++) {
            N = sc.nextInt();
            M = sc.nextInt();
            for (int i = 1; i <= N + M; i ++) {
                W[i][0] = sc.nextInt();
            }
            for (int i = 1; i <= N + M; i ++) {
                W[i][1] = sc.nextInt();
            }
            for (int i = 1; i <= N + M; i ++) {
                W[i][2] = W[i][0] - W[i][1];
            }
            // A - B가 작은 것 부터 먼저 선택해야 유리하므로
            // W[][2]를 오름차순으로 정렬
            Arrays.sort(W, 1, N + M + 1, new Comparator <int[]>() {

                @Override
                public int compare(int[] o1, int[] o2) {
                    // TODO Auto-generated method stub
                    return o1[2] - o2[2];
                }
            });
            Answer = 0;
            for (int i = 1; i <= N; i ++) {
                Answer = Answer + W[i][0];
```

```
41              }
42              for (int i = N + 1; i <= N + M; i ++) {
43                  Answer = Answer + W[i][1];
44              }
45              System.out.println("#" + test_case + " " + Answer);
46          }
47      }
48  }
```

[문제 6-1. 와인 파티] **문제 해설**

– 알고리즘 분류 : 정렬(Sorting), 탐욕법(Greedy Algorithm)

sample input 1번 케이스를 다시 한 번 살펴보자.

[sample input 1번]
3 3
9 9 9 2 2 2
6 6 6 1 1 1

첫째 날 구매해야 하는 와인의 수 : 3

둘째 날 구매해야 하는 와인의 수 : 3

첫째 날 와인 가격 : 9 9 9 2 2 2

둘째 날 와인 가격 : 6 6 6 1 1 1

N+M개의 와인 중 첫째 날 구매가격이 둘째 날 가격보다 상대적으로 싼 와인을 첫째 날에 구매하는 것이 이 문제의 핵심이다.

다시 말해, 첫째 날 가격이 9, 둘째 날 가격이 6인 와인을 첫째 날에 구매하면 둘째 날에 구매하는 것보다 3원이 손해고, 첫째 날 가격이 2, 둘째 날 가격이 1인 와인을 첫째 날에 구매하면 둘째 날에 구매하는 것보다 1원이 손해이다. 따라서 어차피 첫째 날에 3개의 와인을 골라야 한다면 손해가 적은, 가격이 2인 와인을 구매하는 것이 유리하다.

즉, [첫째 날 와인 가격 – 둘째 날 와인 가격]의 값이 낮은 와인을 첫째 날에 구매하는 것이 유리하므로, 와인들을 [첫째 날 가격 – 둘째 날 가격]으로 정렬하여 처음 N개를 첫째 날에 구매하고 나머지 M개를 둘째 날 구매하는 것이 총 구매금액을 최소로 하는 방법이다.

[문제 6-2. 숫자 변환]

힙, 정적 메모리 모두 합쳐서 256MB이내, 스택 메모리 1MB 이내
제한시간 C/C++ : 1초 이내, JAVA : 1.5초 이내

아래 두 가지 변환방법을 이용하여 숫자 A를 숫자 B로 바꾸려 한다.

1. 현재 숫자에 2를 곱한다
2. 현재 숫자의 맨 오른쪽에 1을 추가한다. (2인 경우 21, 13인 경우 131)

만약 숫자 A를 숫자 B로 바꿀 수 있는 방법이 여러 가지가 존재한다면, 가장 많이 변환한
경우를 출력하는 프로그램을 작성하시오.

[입력]
첫 번째 줄에 테스트케이스의 수 T(1≤T≤50)가 주어진다.
각 테스트케이스마다 처음 숫자 A와 변환할 숫자 B가 공백을 두고 주어진다. (1≤A<B≤
1,000,000,000)

[출력]
각 줄마다 "#T"(T는 테스트케이스 번호)를 출력한 뒤, A에서 B로 변환이 가능한 경우 중
변환횟수가 최대인 횟수를 출력한다. 만약 불가능하다면 -1을 출력한다. A에서 B로 변환이
가능한 경우 그다음 줄에 가장 변환횟수가 많은 변환과정 중 하나를 A부터 B까지 순서대로
모두 출력한다.

[sample input]
10
100 40021
1 111111111
1 1000000000
59139 946224
250000000 705032705
25987 51974222

```
9411  188222222
5440  27853056
1  536870912
1  536870913

[sample output]
#1  5
100  200  2001  4002  40021
#2  9
1  11  111  1111  11111  111111  1111111  11111111  111111111
#3  -1
#4  5
59139  118278  236556  473112  946224
#5  -1
#6  5
25987  259871  2598711  25987111  51974222
#7  6
9411  94111  941111  9411111  94111111  188222222
#8  11
5440  10880  108801  217602  435204  870408  1740816  3481632  6963264
13926528  27853056
#9  30
1  2  4  8  16  32  64  128  256  512  1024  2048  4096  8192  16384  32768  65536
131072  262144  524288  1048576  2097152  4194304  8388608  16777216
33554432  67108864  134217728  268435456  536870912
#10  -1
```

[문제 6-2. 숫자 변환] 모범 코드

C++

```
 1  #include <stdio.h>
 2  #include <vector>
 3
 4  using namespace std;
 5
 6  int T, A, B;
 7  // 변환과정을 담을 벡터
 8  vector <long long> trace;
 9  // A→B로 변환이 성공한 경우 is_Answer = 1
10  int is_Answer;
11  void dfs(long long num) {
12      // 종료조건
13      if (num == B) {
14          is_Answer = 1;
15      }
16      // 탐색조건
17      else {
18          // B의 최대범위는 1e9(1,000,000,000)
19          if (num * 2 <= 1e9) {
20              trace.push_back(num * 2);
21              dfs((int)num * 2);
22              // 위의 dfs(num*2)에서 정답을 찾은 경우 탐색종료
23              if (is_Answer == 1) {
24                  return;
25              }
26              // 그렇지 않은 경우 num*2를 경로에서 제외(초기화)
27              else {
28                  trace.pop_back();
29              }
30          }
31          if (num * 10 + 1 <= 1e9) {
32              trace.push_back((int)num * 10 + 1);
33              dfs(num * 10 + 1);
34              // 위의 dfs(num*10+1)에서 정답을 찾은 경우 탐색종료
35              if (is_Answer == 1) {
36                  return;
37              }
38              // 그렇지 않은 경우 num*10+1을 경로에서 제외(초기화)
```

```
39              else {
40                  trace.pop_back();
41              }
42          }
43      }
44  }
45  int main() {
46      scanf("%d", &T);
47      for (int test_case = 1; test_case <= T; test_case ++) {
48          scanf("%d %d", &A, &B);
49          is_Answer = 0;
50          trace.clear();
51          trace.push_back(A);
52          dfs(A);
53          if (is_Answer == 1) {
54              printf("#%d %d\n",test_case, trace.size());
55              for (int i = 0; i < trace.size(); i ++) {
56                  printf("%d ", trace[i]);
57              }
58              printf("\n", test_case);
59          }
60          else {
61              printf("#%d -1\n", test_case);
62          }
63      }
64  }
```

JAVA

```java
1   import java.util.ArrayList;
2   import java.util.Scanner;
3
4   public class Solution {
5
6       static int T, A, B;
7       // 변환과정을 담을 벡터
8       static ArrayList <Integer> trace = new ArrayList <>();
9       // A→B로 변환이 성공한 경우 is_Answer = 1
10      static int is_Answer;
11
12      public static void dfs(long num) {
13          // 종료조건
14          if (num == B) {
15              is_Answer = 1;
16          }
17          // 탐색조건
18          else {
19              // B의 최대범위는 1e9(1,000,000,000)
20              if (num * 2 <= (int)1e9) {
21                  trace.add((int)num * 2);
22                  dfs(num * 2);
23                  // 위의 dfs(num *2)에서 정답을 찾은 경우 탐색종료
24                  if (is_Answer == 1) {
25                      return;
26                  }
27                  // 그렇지 않은 경우 num *2를 경로에서 제외(초기화)
28                  else {
29                      trace.remove(trace.size() - 1);
30                  }
31              }
32              if (num * 10 + 1 <= (int)1e9) {
33                  trace.add((int)num * 10 + 1);
34                  dfs(num * 10 + 1);
35                  // 위의 dfs(num *10 +1)에서 정답을 찾은 경우 탐색종료
36                  if (is_Answer == 1) {
37                      return;
38                  }
39                  // 그렇지 않은 경우 num *10 +1을 경로에서 제외(초기화)
40                  else {
```

```
41                        trace.remove(trace.size() - 1);
42                   }
43               }
44          }
45      }
46
47      public static void main(String[] args) {
48          Scanner sc = new Scanner(System.in);
49          T = sc.nextInt();
50          for (int test_case = 1; test_case <= T; test_case++) {
51              A = sc.nextInt();
52              B = sc.nextInt();
53              is_Answer = 0;
54              trace.clear();
55              trace.add(A);
56              dfs(A);
57              if (is_Answer == 1) {
58                  System.out.println("#" + test_case + " " +
59 trace.size());
                    for (int i = 0; i < trace.size(); i ++) {
60                      System.out.print(trace.get(i) + " ");
61                  }
62                  System.out.println();
63              }
64              else {
65                  System.out.println("#" + test_case + " -1");
66              }
67          }
68      }
69 }
```

[문제 6-2. 숫자 변환] **문제 해설**

– 알고리즘 분류 : 깊이 우선 탐색(DFS)

만약 이 문제가 변환 가능 여부만을 출력하는 문제라면 DFS나 BFS중 어느 방법을 이용하여 풀어도 상관없는 완전탐색 문제일 것이다. 하지만 이 문제는 변환 과정을 출력해야 하므로 경로를 파악할 수 있는 DFS를 이용하여 푸는 것이 일반적이다. 만약 BFS를 이용할 경우 큐에 부모 숫자의 값(변하기 전의 값)을 담고 B에서부터 A로 역추적하는 방법을 사용해서 풀어야 한다.

이 문제에서 A와 B의 범위가 10억이기 때문에 10억 개 크기의 visited[]배열을 만들 수 없으므로 가지치기가 불가능하다. 하지만 우리가 수행할 수 있는 ×2 연산은 최대 29번밖에 수행할 수 없고, 뒷자리에 1을 추가하는 ×10+1 연산은 최대 8번밖에 수행할 수 없기 때문에 가지치기를 하지 않더라도 제한시간 내에 해당 연산을 수행할 수 있다. ($10^9 < 1 \times 2^{30} = 1,073,741,824$, $10^9 < 1,111,111,111$)

주의해야 할 점은 DFS의 탐색 부분에서 자료형을 int가 아닌 long(C++은 long long)을 사용해야 한다. A와 B의 범위는 int범위 내에 있지만, 만약 모범 코드에서의 num값이 3억 정도 되는 경우 뒷자리에 1을 붙여 탐색하면 해당 값은 30억 이상의 값이 되어 int의 범위를 벗어나게 되기 때문이다. 따라서 자료형을 int로하고 수행할 경우 무한루프에 빠지거나 엉뚱한 결과가 나올 수 있으므로 유의해야 한다.

[문제 6-3. 워크숍]

힙, 정적 메모리 모두 합쳐서 256MB이내, 스택 메모리 1MB 이내
제한시간 C/C++ : 2초 이내, JAVA : 2.5초 이내

낚시를 좋아하는 밴드 NOSIGNAL멤버들은 개강을 맞아 다 같이 낚시마을로 워크숍을 간다. 워크숍 장소인 낚시마을은 행과 열의 길이가 N이고, 마을 안에 M개의 낚시터가 있다. K명의 선발대는 각기 다른 K개의 숙소에 머물면서 워크숍을 떠나기 전 낚시터의 상태를 점검해 보기로 하였다. K개의 숙소 중 i번째 낚시터와 가장 가까운 숙소 간의 거리를 L_i라고 할 때, $L_1 + L_2 + ... + L_M$의 값을 최소로 하는 K개의 숙소를 선택하려고 한다. $L_1 + L_2 + ... + L_M$를 출력하는 프로그램을 작성하시오.

[제한조건]

단, r_1행, c_1열((r_1, c_1)에 위치한 낚시터와 r_2행 c_2열(r_2, c_2)에 위치한 숙소 사이의 거리는 $|r_1 - r_2| + |c_1 - c_2|$로 계산한다.

[입력]

첫 번째 줄에 테스트케이스의 수 T(1≤T≤50)가 주어진다.

각 테스트케이스마다 행과 열의 길이 N, 낚시터의 개수 M, 선발대의 인원 K가 각각 공백을 두고 주어진다.(3≤N≤50, K≤M≤13, 숙소의 개수≤N)

다음 N개의 줄에 걸쳐 각 줄에 N개의 숫자가 주어진다. i번째 줄 j번째 숫자 MAT[i][j]의 값이 0인 경우 낚시마을의 i행 j열이 빈칸, 1인 경우 낚시터, 2인 경우 숙소가 존재함을 의미한다.

[출력]

각 줄마다 "#T"(T는 테스트케이스 번호)를 출력한 뒤, $L_1 + L_2 + ... + L_M$을 출력한다.

[sample input]
```
4
3 4 2
1 1 1
0 0 2
```

```
0 1 2
5 6 2
0 2 0 1 0
1 0 0 0 1
0 0 0 0 1
2 0 0 0 1
2 2 0 1 2
5 10 2
1 2 1 0 0
1 2 1 0 0
1 2 1 0 0
1 2 1 0 0
1 2 1 0 0
13 13 13
0 0 0 0 0 0 0 0 0 0 0 0 0
1 1 1 1 1 1 0 0 0 0 0 0 0
0 0 0 0 0 0 1 0 0 0 0 0 0
0 0 0 0 0 0 0 1 1 1 1 1 1
0 0 0 0 0 0 0 0 0 0 0 0 0
0 0 0 0 0 0 0 0 0 0 0 0 0
0 0 0 0 0 0 0 0 0 0 0 0 0
2 2 2 2 2 0 0 0 0 0 0 0 0
0 0 0 0 0 0 2 0 0 0 0 0 0
0 0 0 0 0 0 0 2 2 2 2 2 2
0 0 0 0 0 0 0 0 0 0 0 0 0
0 0 0 0 0 0 0 0 0 0 0 0 0
0 0 0 0 0 0 0 0 0 0 0 0 0
```

[sample output]
#1 7
#2 11
#3 16
#4 78

[문제 6-3. 워크숍] **모범 코드**

C++

```cpp
1  #include <stdio.h>
2  #include <algorithm>
3  #include <vector>
4
5  using namespace std;
6
7  int T, N, M, K;
8  int Answer;
9  // 낚시터들의 좌표
10 vector <pair <int, int >> F;
11 // 숙소들의 좌표
12 vector <pair <int, int >> H;
13 // D[i][j] : i번째 낚시터와 j번째 숙소 사이의 최소거리
14 int D[101][14];
15 // 선택된 숙소들의 번호
16 vector <int > selected;
17 void dfs(int idx, int cnt) {
18     // 종료조건, K개의 숙소를 모두 선택한 경우
19     if (cnt == K) {
20         int tot_dist = 0;
21         for (int i = 0; i < F.size(); i ++) {
22             int sub_dist = (int)1e9;
23             // 각 낚시터에서 가까운 숙소를 선택
24             for (int j = 0; j < selected.size(); j ++) {
25                 int house = selected[j];
26                 if (sub_dist > D[i][house]) {
27                     sub_dist = D[i][house];
28                 }
29             }
30             tot_dist = tot_dist + sub_dist;
31         }
32         if (tot_dist < Answer) {
33             Answer = tot_dist;
34         }
35     }
36     // 탐색조건
37     else {
38         for (int i = idx; i < H.size(); i ++) {
```

```
39                selected.push_back(i);
40                dfs(i + 1, cnt + 1);
41                selected.pop_back();
42            }
43        }
44  }
45  int main() {
46      scanf("%d", &T);
47      for (int test_case = 1; test_case <= T; test_case ++) {
48          scanf("%d %d %d",&N, &M, &K);
49          F.clear();
50          H.clear();
51          selected.clear();
52          // 최소값을 구하기 위해 초기값을 매우 크게 설정
53          Answer = (int)1e9;
54          for (int i = 1; i <= N; i ++) {
55              for (int j = 1; j <= N; j ++) {
56                  int MAT;
57                  scanf("%d", &MAT);
58                  // 낚시터인 경우
59                  if (MAT == 1) {
60                      F.push_back(make_pair(i, j));
61                  }
62                  // 숙소인 경우
63                  else if (MAT == 2) {
64                      H.push_back(make_pair(i, j));
65                  }
66              }
67          }
68          for (int i = 0; i < F.size(); i ++) {
69              for (int j = 0; j < H.size(); j ++) {
70                  // i번째 낚시터와와 j번째 숙소의 최소거리
71                  D[i][j] = abs(F[i].first - H[j].first)
72                      + abs(F[i].second - H[j].second);
73              }
74          }
75          dfs(0, 0);
76          printf("#%d %d\n", test_case, Answer);
77      }
78  }
```

JAVA

```java
1  import java.util.ArrayList;
2  import java.util.Scanner;
3
4  public class Solution {
5
6      static int T, N, M, K;
7      static int Answer;
8      // 낚시터들의 좌표
9      static ArrayList <int[]> F = new ArrayList <>();
10     // 숙소들의 좌표
11     static ArrayList <int[]> H = new ArrayList <>();
12     // D[i][j] : i번째 낚시터와 j번째 숙소 사이의 최소거리
13     static int D[][] = new int[101][14];
14     // 선택된 숙소들의 번호
15     static ArrayList <Integer> selected = new ArrayList <>();
16     public static void dfs(int idx, int cnt) {
17         // 종료조건, K개의 숙소를 모두 선택한 경우
18         if (cnt == K) {
19             int tot_dist = 0;
20             for (int i = 0; i < F.size(); i ++) {
21                 int sub_dist = (int)1e9;
22                 // 각 낚시터에서 가까운 숙소를 선택
23                 for (int j = 0; j < selected.size(); j ++) {
24                     int house = selected.get(j);
25                     if (sub_dist > D[i][house]) {
26                         sub_dist = D[i][house];
27                     }
28                 }
29                 tot_dist = tot_dist + sub_dist;
30             }
31             if (tot_dist < Answer) {
32                 Answer = tot_dist;
33             }
34         }
35         // 탐색조건
36         else {
37             for (int i = idx; i < H.size(); i ++) {
38                 selected.add(i);
39                 dfs(i + 1, cnt + 1);
40                 selected.remove(cnt);
```

```
41              }
42          }
43      }
44      public static void main(String[] args) {
45          Scanner sc = new Scanner(System.in);
46          T = sc.nextInt();
47          for (int test_case = 1; test_case <= T; test_case++) {
48              N = sc.nextInt();
49              M = sc.nextInt();
50              K = sc.nextInt();
51              F.clear();
52              H.clear();
53              selected.clear();
54              // 최소값을 구하기 위해 초기값을 매우 크게 설정
55              Answer = (int)1e9;
56              for (int i = 1; i <= N; i ++) {
57                  for (int j = 1; j <= N; j ++) {
58                      int MAT = sc.nextInt();
59                      // 낚시터인 경우
60                      if (MAT == 1) {
61                          F.add(new int[] {i,j});
62                      }
63                      // 숙소인 경우
64                      else if (MAT == 2) {
65                          H.add(new int[] {i,j});
66                      }
67                  }
68              }
69              for (int i = 0; i < F.size(); i ++) {
70                  for (int j = 0; j < H.size(); j ++) {
71                      // i번째 낚시터와와 j번째 숙소의 최소거리
72                      D[i][j] = Math.abs(F.get(i)[0] - H.get(j)[0])
73                          + Math.abs(F.get(i)[1] - H.get(j)[1]);
74                  }
75              }
76              dfs(0, 0);
77              System.out.println("#"+test_case +" "+Answer);
78          }
79      }
80  }
```

[문제 6-3. 워크숍] **문제 해설**

– 알고리즘 분류 : 깊이 우선 탐색(DFS)

N개의 숙소 중 K개를 고를 때까지 DFS를 통한 완전탐색을 진행하고, K개를 고르게 되는 순간 낚시터와의 최소거리를 계산하여 문제를 해결할 수 있다. 가장 연산이 많은 경우는 N = 13, 숙소 = 13, 낚시터 = 13, K = 6일 때 K개의 숙소를 고르는 경우로 $_{13}C_6 = \dfrac{13 \times 12 \times 11 \times 10 \times 9 \times 8}{6 \times 5 \times 4 \times 3 \times 2 \times 1} = 1{,}716$ 가지이고, 매번 낚시터×K(13×6=78)만큼 의 연산을 수행한다. 따라서 총 연산 횟수는 1716×78=133,848번으로 충분히 제한시 간 내에 수행할 수 있다.

[문제 6-4. 교실 청소]

힙, 정적 메모리 모두 합쳐서 256MB이내, 스택 메모리 1MB 이내
제한시간 C/C++ : 1.5초 이내, JAVA : 2.5초 이내

면적이 각기 다른 N개의 교실을 청소기를 이용하여 청소하려고 한다. 청소기는 1급 청소기와 2급 청소기 두 종류가 있으며 두 청소기가 청소할 수 있는 면적은 서로 다르다. N개의 교실에는 1급 청소기가 한 대씩 배치되어 있고, 1급 청소기로 교실 전체를 청소할 수 없다면 2급 청소기를 추가로 지급하여 청소해야 한다. 단, 한 교실에서 사용된 청소기는 다른 교실에서 다시 사용할 수 없다. N개의 교실을 모두 청소하기 위해 필요한 2급 청소기의 최소 개수를 출력하는 프로그램을 작성하시오.

[제한 조건]
- 각 교실의 면적과 1,2급 청소기의 청소 가능 면적은 모두 자연수 단위이다.
- 1급 청소기는 N개의 교실에 정확히 한 대씩 배치되어 있으며 추가 배치가 불가능하다.
- 2급 청소기는 각 교실에 원하는 만큼 지급할 수 있으며, 한번 사용된 청소기는 다른 교실에서 다시 사용할 수 없다.

[입력]
첫 번째 줄에 테스트케이스의 수 T(1≤T≤50)가 주어진다.

각 테스트케이스마다 교실의 개수 N과 1급 청소기가 청소할 수 있는 면적 A와 2급 청소기가 청소할 수 있는 면적 B가 공백을 두고 주어진다.

다음 줄에는 1번부터 N번 교실의 면적 S_i 가 각각 공백을 두고 N개 주어진다. (1≤ N,A,B,S_i≤1,000,000)

[출력]
각 줄마다 "#T"(T는 테스트케이스 번호)를 출력한 뒤, 공백을 두고 모든 교실을 청소하기 위해 필요한 2급 청소기의 최소개수를 출력하는 프로그램을 작성하시오.

[sample input]
4
3 2 2

```
4 4 4
3 2 2
5 5 5
4 5 7
1000000 1000000 1000000 1000000
6 4404 6406
665746 516875 875190 633905 956027 747891

[sample output]
#1 3
#2 6
#3 571428
#4 685
```

[문제 6-4. 교실 청소] **모범 코드**

C++

```
1   #include <stdio.h>
2
3   int T, N;
4   int A, B;
5   int S[1000001];
6   // 1000000*1000000은 int범위를 초과함에 유의
7   long long Answer;
8   int main() {
9       scanf("%d", &T);
10      for (int test_case = 1; test_case <= T; test_case ++) {
11          scanf("%d %d %d", &N, &A, &B);
12          for (int i = 1; i <= N; i ++) {
13              scanf("%d", &S[i]);
14          }
15          Answer = 0;
16          for (int i = 1; i <= N; i ++) {
17              // 1급 청소기가 청소할 수 있는 면적 제외
18              S[i] = S[i] - A;
19              // 청소할 영역이 남아있다면
20              if (S[i] > 0) {
21                  Answer = Answer + (S[i] / B);
22                  // '/' 기호는 나머지를 버리기 때문에
23                  // 나머지부분을 청소하기 위해 2급 청소기를 한대 더 추가
24                  if (S[i] % B > 0) {
25                      Answer++;
26                  }
27              }
28          }
29          printf("#%d %lld\n",test_case ,Answer);
30      }
31  }
```

JAVA

```java
1   import java.util.Scanner;
2
3   public class Solution {
4       static int T, N;
5       static int A, B;
6       static int S[] = new int[1000001];
7       // 1000000*1000000은 int범위를 초과함에 유의
8       static long Answer;
9
10      public static void main(String[] args) {
11          Scanner sc = new Scanner(System.in);
12          T = sc.nextInt();
13          for (int test_case = 1; test_case <= T; test_case++) {
14              N = sc.nextInt();
15              A = sc.nextInt();
16              B = sc.nextInt();
17              for (int i = 1; i <= N; i ++) {
18                  S[i] = sc.nextInt();
19              }
20              Answer = 0;
21              for (int i = 1; i <= N; i ++) {
22                  // 1급 청소기가 청소할 수 있는 면적 제외
23                  S[i] = S[i] - A;
24                  // 그래도 아직 청소할 영역이 남아있다면
25                  if (S[i] > 0) {
26                      Answer = Answer + (S[i] / B);
27                      // '/' 기호는 나머지를 버리기 때문에
28                      // 나머지부분을 청소하기 위해 2급 청소기를
29                      한대 더 추가
                        if (S[i] % B > 0) {
30                          Answer++;
31                      }
32                  }
33              }
34              System.out.println("#" + test_case + " " + Answer);
35          }
36      }
37  }
```

[문제 6-4. 교실 청소] 문제 해설

- 알고리즘 분류 : 탐욕법(Greedy Algorithm)

이 문제에서 가장 주의해야 할 부분은 Answer의 자료형이다. sample case에는 없지만, 채점용 evaluation case에는 N의 최대범위인 100만, 모든 방의 면적이 100만, 1,2급 청소기의 청소 면적이 1인 케이스가 존재할 수 있다. 이 경우 2급 청소기는 각 방마다 99만9999대가 필요하므로 총 필요한 청소기의 개수는 $999,999 \times 1,000,000$ = 9,999,999,000,000대이다. 이는 int의 최대 범위인 $2^{31}-1$을 훨씬 뛰어넘는 크기로 C++에서는 long long, JAVA에서는 long을 통해 계산해 주어야 한다.

또한, C++의 24번째 줄, JAVA의 30번째 줄의 if(S[i] % B > 0) 부분은 나눗셈 연산 ('/')이 나머지를 버리기 때문에 나머지가 있는 경우 청소기를 한대 더 추가해야 하는 것을 나타낸 로직이다. if문 없이 간편하게 Answer = Answer + ((S[i] + B - 1) / B); 로 표현할 수도 있으며, 둘 중 본인이 원하는 방식으로 코딩하면 된다.

[문제 6-5. 전염병]

힙, 정적 메모리 모두 합쳐서 256MB이내, 스택 메모리 1MB 이내
제한시간 C/C++ : 2초 이내, JAVA : 2.5초 이내

N행 N열의 격자로 된 마을에 전염병이 발생하였다. 전염병에 걸린 사람은 하루가 지나면 동서남북 4방향의 사람들을 감염시킨다. M일 후에 백신이 만들어지기 때문에 보건당국은 M일 후 전염병에 걸린 사람이 몇 명인지 파악하려고 한다. M일 후 전염병에 걸린 사람들의 수를 출력하는 프로그램을 작성하시오.

[제한 사항]
- 전염병은 사람을 통해서만 전염된다.

[입력]
첫 번째 줄에 테스트케이스의 수 T(1≤T≤50)가 주어진다.

각 테스트케이스의 첫 번째 줄에 격자의 크기 N과 백신이 만들어지는 날짜 M이 주어진다. (1≤N, M≤1,000)

다음 N개의 줄에 걸쳐 각 줄에 N개의 숫자가 주어진다. i번째 줄 j번째 숫자 MAT[i][j] 의 값이 0인 경우 마을 i행 j열에 전염병에 아직 감염되지 않은 사람이 있음을 뜻한다. 1인 경우 전염병이 걸린 사람, 2인 경우 빈 공간을 뜻한다.

[출력]
각 줄마다 "#T"(T는 테스트케이스 번호)를 출력한 뒤, M일 뒤 전염병에 걸린 사람의 수를 출력하시오.

[sample input]
4
4 2
0 0 0 1
0 0 0 0
0 0 0 0

```
0 0 0 0
5 8
0 2 0 0 0
2 0 0 0 1
0 0 0 0 0
0 0 0 0 2
0 0 0 0 1
7 20
0 0 0 0 0 0 0
2 2 2 2 2 2 0
0 0 0 0 0 0 0
0 2 2 2 2 2 2
0 0 0 0 0 0 0
2 2 2 2 2 2 0
1 0 0 0 0 0 0
7 500
0 0 0 0 0 0 0
2 2 2 2 2 2 0
0 0 0 0 0 0 0
0 2 2 2 2 2 2
0 0 0 0 0 0 0
2 2 2 2 2 2 0
1 0 0 0 0 0 0
```

[sample output]

#1 6
#2 21
#3 21
#4 31

[문제 6-5. 전염병] **모범 코드**

C++

```
1   #include <stdio.h>
2   #include <queue>
3   #include <algorithm>
4
5   using namespace std;
6
7   int T, N, M;
8   int MAT[1001][1001];
9   // 4방향 탐색을 위한 dr[], dc[]
10  int dr[] = { 0,1,0,-1 };
11  int dc[] = { 1,0,-1,0 };
12  // ((row, col), 감염 날짜)를 담을 큐
13  queue <pair <pair <int, int >, int >> que;
14  int Answer;
15
16  int main()
17  {
18      scanf("%d", &T);
19      for (int test_case = 1; test_case <= T; test_case++) {
20          scanf("%d %d", &N, &M);
21          while (!que.empty()) {
22              que.pop();
23          }
24          for (int i = 1; i <= N; i ++) {
25              for (int j = 1; j <= N; j ++) {
26                  scanf("%d", &MAT[i][j]);
27                  // 만약 전염병에 걸린 사람인 경우
28                  if (MAT[i][j] == 1) {
29                      que.push(make_pair(make_pair(i, j), 0));
30                  }
31              }
32          }
33          while (!que.empty()) {
34              int row = que.front().first.first;
35              int col = que.front().first.second;
36              int day = que.front().second;
37              que.pop();
38              // M일째 감염된 사람이라면 탐색중단
```

```
39              if (day == M) {
40                  continue;
41              }
42              else {
43                  for (int i = 0; i < 4; i ++) {
44                      int nxt_row = row + dr[i];
45                      int nxt_col = col + dc[i];
46                      // 다음 지점이 격자 안에 있는 경우만 탐색
47                      if (nxt_row <= N && nxt_row >= 1
48                          && nxt_col <= N && nxt_col >= 1) {
49                          // 감염되지 않은 사람인경우
50                          if (MAT[nxt_row][nxt_col] == 0) {
51                              MAT[nxt_row][nxt_col] = 1;
52                              que.push(make_pair(make_pair(
53                                  nxt_row, nxt_col), day + 1));
54                          }
55                      }
56                  }
57              }
58          }
59          Answer = 0;
60          for (int i = 1; i <= N; i ++) {
61              for (int j = 1; j <= N; j ++) {
62                  if (MAT[i][j] == 1) {
63                      Answer++;
64                  }
65              }
66          }
67          printf("#%d %d\n", test_case, Answer);
68      }
69 }
```

JAVA

```java
1   import java.util.LinkedList;
2   import java.util.Queue;
3   import java.util.Scanner;
4
5   public class Solution {
6
7       static int T, N, M;
8       static int MAT[][] = new int[1001][1001];
9       // 4방향 탐색을 위한 dr[], dc[]
10      static int dr[] = { 0,1,0,-1 };
11      static int dc[] = { 1,0,-1,0 };
12      // (row, col, 감염 날짜)를 담을 큐
13      static Queue <int[]> que = new LinkedList <>();
14      static int Answer;
15
16      public static void main(String[] args) {
17          Scanner sc = new Scanner(System.in);
18          T = sc.nextInt();
19          for (int test_case = 1; test_case <= T; test_case++) {
20              N = sc.nextInt();
21              M = sc.nextInt();
22              que.clear();
23              for (int i = 1; i <= N; i ++) {
24                  for (int j = 1; j <= N; j ++) {
25                      MAT[i][j] = sc.nextInt();
26                      // 만약 전염병에 걸린 사람인 경우
27                      if (MAT[i][j] == 1) {
28                          que.add(new int[] {i,j,0});
29                      }
30                  }
31              }
32              while (!que.isEmpty()) {
33                  int now[] = que.poll();
34                  int row = now[0];
35                  int col = now[1];
36                  int day = now[2];
37                  // M일째 감염된 사람이라면 탐색중단
38                  if (day == M) {
39                      continue;
40                  }
```

```
41                        else {
42                            for (int i = 0; i < 4; i ++) {
43                                int nxt_row = row + dr[i];
44                                int nxt_col = col + dc[i];
45                                // 다음 지점이 격자 안에 있는 경우만 탐색
46                                if (nxt_row <= N && nxt_row >= 1
47                                    && nxt_col <= N && nxt_col >= 1) {
48                                    // 감염되지 않은 사람인경우
49                                    if (MAT[nxt_row][nxt_col] == 0) {
50                                        MAT[nxt_row][nxt_col] = 1;
51                                        que.add(new int[] {nxt_row,
52                                                nxt_col,day+1});
53                                    }
54                                }
55                            }
56                        }
57                    }
58                Answer = 0;
59                for (int i = 1; i <= N; i ++) {
60                    for (int j = 1; j <= N; j ++) {
61                        if (MAT[i][j] == 1) {
62                            Answer++;
63                        }
64                    }
65                }
66                System.out.println("#"+test_case +" "+Answer);
67            }
68        }
69 }
```

[문제 6-5. 전염병] **문제 해설**

　– 알고리즘 분류 : 너비 우선 탐색(BFS)

　만약 DFS를 이용하여 전염병이 퍼지는 모든 경로를 완전탐색하려고 한다면 N의 최 댓값이 1000이므로 제한시간 내에 문제를 풀 수 없다. 하지만 시작일부터 날짜별로 탐 색하여 M일 후의 상태를 확인하는 방법, 즉, 계층별 탐색을 진행하는 BFS를 사용한다 면 시간복잡도 $O(N \times N)$으로 문제를 해결할 수 있다. 이처럼 완전탐색 문제 중 날짜, 깊이처럼 계층별 탐색이 필요한 경우 BFS를 이용한다면 빠른 시간 내에 문제를 해결할 수 있다.

[문제 6-6. SW 단어카드]

힙, 정적 메모리 모두 합쳐서 256MB이내, 스택 메모리 1MB 이내
제한시간 C/C++ : 2초 이내, JAVA : 2.5초 이내

황준이는 N장의 단어카드를 가지고 있다. 각 단어카드에는 S 또는 W만 적혀있고, 그 길이는 100000을 넘지 않는다. 황준이는 일직선으로 나열하여 전체 길이가 M인 문자열 P를 만들었다. 그리고 나서 황준이는 창현이에게 문자열 P를 만드는 여러 방법 중, SW쌍이 가장 많이 나타나는 방법으로 단어카드를 만들면 사탕을 주기로 하였다. 여기서 $i < j$를 만족하는 i와 j에 대해서, 문자열 P의 i번째 글자 P_i가 'S'이고, j번째 글자 P_j가 'W'인 경우 하나의 SW쌍이라 부른다. N장의 단어카드로 만들 수 있는 SW쌍의 최대개수를 출력하는 프로그램을 작성하시오

예를 들어 N개의 단어카드를 나열한 P가 "WSSW"인 경우 두 번째 글자(S)와 네 번째 글자(W)가 하나의 SW쌍을 만들고, 세 번째 글자(S)와 네 번째 글자(W)가 또 하나의 SW쌍을 만든다.

[입력]
첫 번째 줄에 테스트케이스의 수 T(1≤T≤50)가 주어진다.
각 테스트케이스의 첫 번째 줄에 단어카드 개수 N이 주어진다.(1≤N≤100,000)
다음 N개의 줄에 1번부터 N번까지의 단어카드에 적힌 단어들이 주어진다.
단, N개의 단어카드에 적힌 단어들의 길이의 합 M은 100,000을 넘지 않는다.

[출력]
각 줄마다 "#T"(T는 테스트케이스 번호)를 출력한 뒤, N개의 단어카드로 만들 수 있는 SW쌍의 최대 개수를 출력하시오.

[sample input]
5
4
SSW
WS
S
WWWS
2

W
S
5
SWSWWWSWSWSSWS
WSWSWWSWWSWSSSWSSSWSSS
SSWWSWSWSWSWWSWS
WWSSWSSSWSWSSSSSWSSW
WWSWWSSWSWSWWWSWSWSWWSW
10
SSWSWSS
WSSSSSSSSW
WWWWWW
WWWS
WSWWW
WWWWSWSW
WW
W
SWS
SSWWSWWSS
6
W
S
WWW
W
SSSSSS
S

[sample output]
#1 18
#2 1
#3 1323
#4 613
#5 40

[문제 6-6. SW 단어카드] 모범 코드

C++

```cpp
1   #include <stdio.h>
2   #include <algorithm>
3   #define ll long long
4
5   using namespace std;
6
7   struct st {
8       // S: 카드의 S의 개수
9       // W: 카드의 W의 개수
10      ll S, W;
11  };
12  struct st C[100001];
13
14  // 1. a번째 카드의 S개수 * b번째 카드의 W개수
15  // 2. b번째 카드의 S개수 * a번째 카드의 W개수
16  // 1번이 큰 경우 a를 앞으로, 2번이 큰경우 b를 앞으로
17  bool comp(const struct st &a, const struct st &b) {
18      return a.S * b.W > a.W * b.S;
19  }
20  int T, N;
21  char str[100001];
22  ll sum_S;
23  ll Answer;
24  int main() {
25      scanf("%d", &T);
26      for (int test_case = 1; test_case <= T; test_case ++) {
27          scanf("%d", &N);
28          sum_S = 0;
29          Answer = 0;
30          for (int i = 1; i <= N; i ++) {
31              C[i].S = C[i].W = 0;
32          }
33          for (int i = 1; i <= N; i ++) {
34              scanf("%s", str);
35              // 단어카드 내에서 나타나는 SW쌍의 개수
36              for (int j = 0; str[j] != NULL; j ++) {
37                  // i번째 카드의 j번째 문자가 S인경우
38                  if (str[j] == 'S') {
```

```
39                      C[i].S++;
40                  }
41              // i번째 카드의 j번째 문자가 W인경우
42              else {
43                  C[i].W++;
44                  Answer = Answer + C[i].S;
45              }
46          }
47      }
48      sort(C + 1, C + N + 1, comp);
49      // 다른 단어카드 간에 나타나는 SW쌍의 개수
50      for (int i = 1; i <= N; i ++) {
51          // i번째 카드 이전에 나온 S의 개수와
52          // i번째 카드에 있는 W의 개수의 곱
53          Answer = Answer + sum_S * C[i].W;
54          sum_S = sum_S + C[i].S;
55      }
56      printf("#%d %lld\n",test_case, Answer);
57    }
58 }
```

JAVA

```java
1  import java.util.Arrays;
2  import java.util.Comparator;
3  import java.util.Scanner;
4
5  public class Solution {
6
7      // C[][0] : 카드의 S의 개수
8      // C[][1] : 카드의 W의 개수
9      static long C[][] = new long[100001][2];
10     static int T, N;
11     static String str;
12     static long sum_S;
13     static long Answer;
14
15     public static void main(String[] args) {
16         Scanner sc = new Scanner(System.in);
17         T = sc.nextInt();
18         for (int test_case = 1; test_case <= T; test_case++) {
19             N = sc.nextInt();
20             sum_S = 0;
21             Answer = 0;
22             for (int i = 1; i <= N; i ++) {
23                 C[i][0] = C[i][1] = 0;
24             }
25             for (int i = 1; i <= N; i ++) {
26                 str = sc.next();
27                 // 단어카드 내에서 나타나는 SW쌍의 개수
28                 for (int j = 0; j < str.length(); j ++) {
29                     // i번째 카드의 j번째 문자가 S인경우
30                     if (str.charAt(j) == 'S') {
31                         C[i][0]++;
32                     }
33                     // i번째 카드의 j번째 문자가 W인경우
34                     else {
35                         C[i][1]++;
36                         Answer = Answer + C[i][0];
37                     }
38                 }
39             }
40             Arrays.sort(C, 1, N + 1, new Comparator <long[]>() {
```

```
41
42              @Override
43              public int compare(long[] o1, long[] o2) {
44                  // 1. a번째 카드의 S개수 * b번째 카드의 W개수
45                  // 2. b번째 카드의 S개수 * a번째 카드의 W개수
46                  // 1번이 큰 경우 a를, 2번이 큰경우 b를 앞으로
47                  // 다른 단어카드 간에 나타나는 SW쌍의 개수
48                  return (int) (o1[0] * o2[1] - o2[0] * o1[1]);
49              }
50          });
51
52          for (int i = 1; i <= N; i ++) {
53              // i번째 카드 이전에 나온 S의 개수와
54              // i번째 카드에 있는 W의 개수의 곱
55              Answer = Answer + sum_S * C[i][0];
56              sum_S = sum_S + C[i][1];
57          }
58          System.out.println("#" + test_case + " " + Answer);
59      }
60    }
61 }
```

[문제 6-6. SW 단어카드] **문제 해설**

- 알고리즘 분류 : 정렬(Sorting), 탐욕법(Greedy Algorithm)

sample input 1번을 자세히 살펴보자

[sample input 1번]
4
SSW
WS
S
WWWS

N개의 단어카드를 연결했을 때 생기는 SW쌍은 크게 두 종류로 나눌 수 있다.

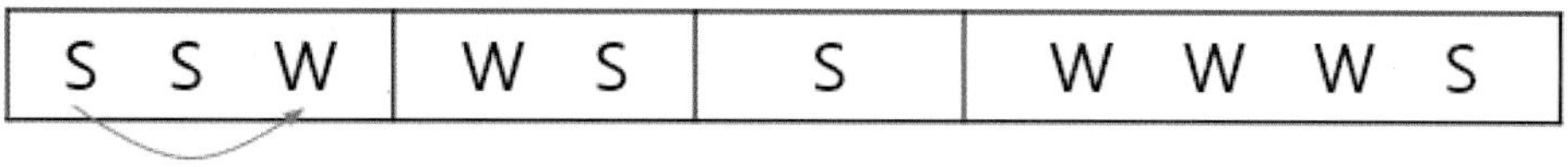

| S | S | W | W | S | S | W | W | W | S |

[그림 1]

하나는 [그림 1]처럼 같은 단어카드 안에서 생기는 SW쌍이다. 이 쌍들은 카드의 자리를 바꾼다고 해도 변하지 않는 개수이므로, 미리 계산이 가능하다.(C++코드 44번째 줄, JAVA 36번째 줄)

[그림 2]

다른 하나는 [그림 2]처럼 다른 카드들 사이에서 생기는 SW쌍이다. 이 쌍들은 카드의 자리에 따라 개수가 바뀌기 때문에 최대 SW쌍을 얻기 위해선 이 두 번째 SW쌍들을 어떻게 해야 많이 얻을 수 있는지를 생각해야 한다.

먼저 N장의 카드가 아닌 2장의 카드의 순서를 정하는 경우를 생각해보자.

[그림 3]   [그림 4]

SSW가 적혀있는 카드가 앞으로 올 경우 [그림 3]처럼 SW쌍의 개수는 SSW카드의 S의 개수(2) × WS카드의 W의 개수(1) = 2개가 된다.

반대로 WS가 적혀있는 카드가 앞으로 올 경우 [그림 4]처럼 SW쌍의 개수는 WS카드의 S의 개수(1) × SSW카드의 W의 개수(1) = 1개가 된다.

3장의 카드일 경우에는 1,2번 카드의 SW쌍 + 1,3번 카드의 SW쌍 + 2,3번 카드의 SW쌍으로 나눌 수 있다. 귀납적으로 N장의 카드일 경우에도 카드 2장의 SW쌍의 합으로 나타낼 수 있으므로, 결국 임의의 2장의 카드에 대해서 최대 SW쌍을 가지도록 배치하면 됨을 알 수 있다.(모범 코드의 comparator 부분)

또한, 문자열의 길이가 최대 10만이기 때문에 comparator에서 곱셈의 결과가 int 범위를 벗어날 수 있다는 점을 기억하자.

[문제 6-7. 정육면체 굴리기]

힙, 정적 메모리 모두 합쳐서 256MB이내, 스택 메모리 1MB 이내
제한시간 C/C++ : 1.5초 이내, JAVA : 2.5초 이내

가로와 세로의 길이가 N인 격자 위에 정육면체가 놓여 있다. 이 정육면체는 한변의 길이가 1로 격자의 한 칸 크기와 정확히 일치하며 좌측 상단 1행 1열 (1,1)에 놓여 있다. 격자의 각 칸에는 -1 이상 100이하의 정수가 쓰여져 있다.

정육면체가 -1이 적힌 격자 위로 이동하면 해당 칸의 값은 -1 대신 정육면체의 바닥면에 쓰여진 숫자로 대체된다.

정육면체가 -1이 아닌 숫자가 쓰여진 격자 위로 이동하면 해당 숫자의 값을 최종 점수에 합산한다. 또한, 정육면체의 바닥에 쓰여진 숫자는 격자의 숫자로 대체하고, 격자의 숫자는 -1로 바뀐다.

처음 정육면체 모든 면에는 -1이 쓰여져 있다.

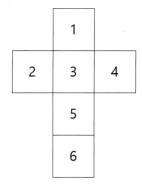 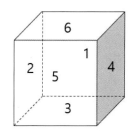

[그림 1]

정육면체는 위 [그림 1]처럼 최초 3이 바닥에 있으며, 4가 동쪽 면을 나타내고 있는 상태이다. 정육면체가 격자위를 이동할 때에는 굴려서 이동하므로 만약 초기 상태에서 우측으로 한 칸 구른다면 4가 바닥이 될 것이다. 이때, 정육면체를 M번 굴려 얻은 최종 점수를 출력하는 프로그램을 작성하시오. 만약 정육면체가 격자 바깥으로 이동하라는 명령이 주어질 경우 해당 명령은 무시한다.

[입력]

첫 번째 줄에 테스트케이스의 수 T(1≤T≤50)가 주어진다.

각 테스트케이스마다 격자의 크기 N과 명령의 개수 M이 공백을 두고 주어진다. (2≤N≤ 20, 1≤K≤1000)

다음 N개의 줄에는 격자의 각 칸에 적혀있는 숫자 S_{ij} N개가 공백을 두고 주어진다. S_{ij}는 격자 i행 j열에 쓰여진 숫자를 뜻한다. (-1≤S_{ij}≤100)

그다음 줄에는 명령 M개가 공백을 두고 주어진다. 값이 1인 경우 동쪽으로, 2인 경우 서쪽으로, 3인 경우 남쪽으로, 4인 경우 북쪽으로 이동하라는 명령을 뜻한다.

[출력]

각 줄마다 "#T"(T는 테스트케이스 번호)를 출력한 뒤, 공백을 두고 M개의 명령을 수행하였을 때 얻게 되는 최종 점수를 출력한다.

[sample input]
```
3
2 8
1 1
1 1
3 1 4 2 3 1 4 2
4 14
1 4 -1 5
-1 5 -1 1
2 7 6 1
8 -1 4 3
3 1 1 2 3 1 4 2 2 4 3 2 1 3
6 20
8 2 -1 5 5 6
7 6 -1 -1 3 0
1 4 -1 0 10 4
2 5 -1 8 4 2
6 9 -1 0 2 3
```

```
7 10 2 7 6 4
3 4 2 1 4 3 4 3 4 1 3 1 4 3 2 4 3 4 3 1

[sample output]
#1  4
#2  24
#3  47
```

[문제 6-7. 정육면체 굴리기] 모범 코드

C++

```
1   #include <stdio.h>
2
3   int MAT[21][21];
4   int T, N, M;
5   int dice[7];
6   int Answer;
7   int row, col;
8   // 우측으로 이동
9   void go_right() {
10      int tmp = dice[4];
11      dice[4] = dice[6]; //4번 자리에 6번 값이 이동
12      dice[6] = dice[2]; //6번 자리에 2번 값이 이동
13      dice[2] = dice[3]; //2번 자리에 3번 값이 이동
14      dice[3] = tmp;     //3번 자리에 4번 값이 이동
15  }
16  // 좌측으로 이동
17  void go_left() {
18      int tmp = dice[4];
19      dice[4] = dice[3];
20      dice[3] = dice[2];
21      dice[2] = dice[6];
22      dice[6] = tmp;
23  }
24  // 위로 이동
25  void go_up() {
26      int tmp = dice[1];
27      dice[1] = dice[6];
28      dice[6] = dice[5];
29      dice[5] = dice[3];
30      dice[3] = tmp;
31  }
32  // 아래로 이동
33  void go_down() {
34      int tmp = dice[1];
35      dice[1] = dice[3];
36      dice[3] = dice[5];
37      dice[5] = dice[6];
38      dice[6] = tmp;
```

```
39  }
40  void refresh_dice() {
41      // -1인 경우 격자에 숫자를 복사
42      if (MAT[row][col] == -1) {
43          MAT[row][col] = dice[3];
44      }
45      // -1이 아닌경우
46      else {
47          // 격자의 숫자를 합산
48          Answer = Answer + MAT[row][col];
49          // 격자의 숫자로 복사 바닥면에 복사
50          dice[3] = MAT[row][col];
51          // 격자의 숫자는 -1로 변환
52          MAT[row][col] = -1;
53      }
54  }
55  int main() {
56      scanf("%d", &T);
57      for (int test_case = 1; test_case <= T; test_case ++) {
58          scanf("%d %d", &N, &M);
59          for (int i = 1; i <= N; i ++) {
60              for (int j = 1; j <= N; j ++) {
61                  scanf("%d", &MAT[i][j]);
62              }
63          }
64          // 최초 위치 (1,1)
65          row = 1;
66          col = 1;
67          // 정육면체 초기화
68          for (int i = 1; i <= 6; i ++) {
69              dice[i] = -1;
70          }
71          Answer = 0;
72          for (int i = 1; i <= M; i ++) {
73              int dir;
74              scanf("%d", &dir);
75              if (dir == 1) { // 우측으로 이동
76                  if (col <= N - 1) {
77                      go_right();
78                      col++;
79                      refresh_dice();
```

```
80                    }
81                }
82                else if (dir == 2) { // 좌측으로 이동
83                    if (col >= 2) {
84                        go_left();
85                        col--;
86                        refresh_dice();
87                    }
88                }
89                else if (dir == 3) { // 아래로 이동
90                    if (row <= N -1) {
91                        go_down();
92                        row++;
93                        refresh_dice();
94                    }
95                }
96                else { // 위로 이동
97                    if (row >= 2) {
98                        go_up();
99                        row--;
100                        refresh_dice();
101                    }
102                }
103            }
104        printf("#%d %d\n", test_case, Answer);
105    }
106 }
```

JAVA

```java
1   import java.util.Scanner;
2
3   public class Solution {
4
5       static int MAT[][] = new int[21][21];
6       static int T, N, M;
7       static int dice[] = new int[7];
8       static int Answer;
9       static int row, col;
10      // 우측으로 이동
11      public static void go_right() {
12          int tmp = dice[4];
13          dice[4] = dice[6]; //4번 자리에 6번 값이 이동
14          dice[6] = dice[2]; //6번 자리에 2번 값이 이동
15          dice[2] = dice[3]; //2번 자리에 3번 값이 이동
16          dice[3] = tmp;     //3번 자리에 4번 값이 이동
17      }
18      // 좌측으로 이동
19      public static void go_left() {
20          int tmp = dice[4];
21          dice[4] = dice[3];
22          dice[3] = dice[2];
23          dice[2] = dice[6];
24          dice[6] = tmp;
25      }
26      // 위로 이동
27      public static void go_up() {
28          int tmp = dice[1];
29          dice[1] = dice[6];
30          dice[6] = dice[5];
31          dice[5] = dice[3];
32          dice[3] = tmp;
33      }
34      // 아래로 이동
35      public static void go_down() {
36          int tmp = dice[1];
37          dice[1] = dice[3];
38          dice[3] = dice[5];
39          dice[5] = dice[6];
40          dice[6] = tmp;
```

```
41          }
42      public static void refresh_dice() {
43          // -1인 경우 격자에 숫자를 복사
44          if (MAT[row][col] == -1) {
45              MAT[row][col] = dice[3];
46          }
47          // -1이 아닌경우
48          else {
49              // 격자의 숫자를 합산
50              Answer = Answer + MAT[row][col];
51              // 격자의 숫자로 복사 바닥면에 복사
52              dice[3] = MAT[row][col];
53              // 격자의 숫자는 -1로 변환
54              MAT[row][col] = -1;
55          }
56      }
57      public static void main(String[] args) {
58          Scanner sc = new Scanner(System.in);
59          T = sc.nextInt();
60          for (int test_case = 1; test_case <= T; test_case++) {
61              N = sc.nextInt();
62              M = sc.nextInt();
63              for (int i = 1; i <= N; i ++) {
64                  for (int j = 1; j <= N; j ++) {
65                      MAT[i][j] = sc.nextInt();
66                  }
67              }
68              // 최초 위치 (1,1)
69              row = 1;
70              col = 1;
71              // 정육면체 초기화
72              for (int i = 1; i <= 6; i ++) {
73                  dice[i] = -1;
74              }
75              Answer = 0;
76              for (int i = 1; i <= M; i ++) {
77                  int dir = sc.nextInt();
78                  if (dir == 1) { // 우측으로 이동
79                      if (col <= N - 1) {
80                          go_right();
81                          col++;
```

```
82                              refresh_dice();
83                      }
84                  }
85              else if (dir == 2) { // 좌측으로 이동
86                  if (col >= 2) {
87                      go_left();
88                      col--;
89                      refresh_dice();
90                  }
91              }
92              else if (dir == 3) { // 아래로 이동
93                  if (row <= N -1) {
94                      go_down();
95                      row++;
96                      refresh_dice();
97                  }
98              }
99              else { // 위로 이동
100                 if (row >= 2) {
101                     go_up();
102                     row--;
103                     refresh_dice();
104                 }
105             }
106         }
107      System.out.println("#" + test_case + " " + Answer);
108      }
109    }
110 }
```

[문제 6-7. 정육면체 굴리기] 문제 해설

- 알고리즘 분류 : 구현(Implementation)

명령에 따라 움직이는 방향은 동, 서, 남, 북 총 네 가지로, 해당 격자의 값이 -1인지 아닌지 여부에 따라 취하는 행동이 M번 반복된다. 따라서 각 방향으로 이동시 주사위의 각 면이 변하는 네 가지의 함수와 해당 격자값에 따른 정육면체의 상태변화를 함수로 작성해서 관리하는 것이 효율적이다. 또한 변수 a와 변수 b의 값을 서로 맞바꿔야 할 땐 아래와 같은 코드를 이용하여 수행할 수 있고, 모범 코드에서는 이를 응용하여 go_right, go_left, go_down, go_up 함수를 작성하였다.

```
1  void swap (int a, int b) {
2      int tmp = a;  // a의 값을 임의의 tmp에 저장
3      a = b;        // a의 값을 b로 교체
4      b = tmp;      // b의 값을 기존의 a로 교체
5  }
```

[문제 6-8. 뱀 게임]

힙, 정적 메모리 모두 합쳐서 256MB이내, 스택 메모리 1MB 이내
제한시간 C/C++ : 1.5초 이내, JAVA : 2.5초 이내

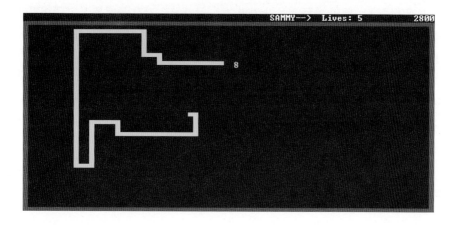

　1970년대에 처음 출시된 Snake game이 있다. Snake game은 매초 뱀이 움직이는데,
만약 뱀이 격자를 벗어나거나 자기 몸에 부딪치면 끝나는 게임이다. 게임은 $N \times N$ 정사각형
격자 위에서 진행되며 아래 규칙에 따라 게임을 진행한다.

　1. 격자는 왼쪽 위의 좌표를 (1,1)로, (행, 열)의 순서로 표기한다.
　2. 각 칸은 빈칸, 사과가 있는 칸, 뱀의 몸이 있는 칸, 총 세 종류로 표현된다.
　3. 뱀의 최초 길이는 1이고, 좌측 위 (1,1)에 위치하며 우측방향을 향해 있다.
　4. 뱀은 매초 이동하되 먼저 몸을 늘려 머리를 다음 칸으로 이동한다.
　　 (머리가 바라보고 있는 방향으로 한 칸 이동한다)
　5. 만약 이동한 칸에 사과가 있다면 뱀은 그 사과를 먹고 꼬리는 그대로 있다.
　　 (총 길이는 한 칸 증가 하게 된다.)
　6. 만약 이동한 칸에 사과가 없다면 뱀의 마지막 꼬리가 있던 칸이 빈칸으로 바뀐다.
　　 (총 길이는 유지된다.)

　위 규칙에 따라 게임을 진행할 때, 이 게임이 몇 초 후에 끝나는지 계산하는 프로그램을
작성하시오.

[입력]

첫 번째 줄에 테스트케이스의 수 T(1≤T≤50)가 주어진다.

각 테스트케이스마다 격자의 크기 N, 사과의 개수 M, 뱀의 방향전환 횟수 K가 공백을 두고 주어진다. (2≤N,M≤100, 0≤K≤10000)

다음 M개의 줄에는 사과의 위치가 행, 열의 순서로 공백을 두고 주어진다.

다음 K개의 줄에는 뱀의 이동 정보가 자연수 A, 문자 B로 각각 공백을 두고 주어진다. A와 B는 현재 방향으로 A초만큼 이동한 후, B의 값에 따라 방향을 변경한다는 의미이다. B가 'L'인 경우에는 왼쪽, 'D'인 경우에는 오른쪽으로 방향을 변경한다는 것을 뜻한다.

[출력]

각 줄마다 "#T"(T는 테스트케이스 번호)를 출력한 뒤, 공백을 두고 게임이 시작 후 몇 초 뒤에 종료되는지를 출력한다.

[sample case]
```
4
5 0 5
4 D
4 D
4 D
3 D
5 L
8 3 6
5 4
5 8
2 5
7 D
4 D
4 D
3 D
1 D
1 D
8 5 12
```

6 1

7 3

3 5

5 7

5 6

2 D

6 D

2 D

2 D

6 L

2 L

2 L

2 L

1 L

3 L

4 D

1 L

20 13 19

6 15

7 18

20 14

14 13

11 9

7 10

3 18

10 10

13 13

13 5

6 9

10 4

4 3

17 D

19 D
5 D
13 D
2 L
1 L
6 L
5 L
4 L
1 L
3 D
3 D
3 D
3 D
2 D
6 L
12 D
5 D
4 D

[sample out]
#1 20
#2 21
#3 27
#4 90

[문제 5-8. 뱀 게임] **모범 코드**

C++

```cpp
1   #include <stdio.h>
2   #include <queue>
3   #include <algorithm>
4
5   using namespace std;
6
7   queue <pair <int, int >> que;
8   int T, N, M, K;
9   int A[10001];
10  char B[10001];
11  // MAT = 0(빈공간), 1(뱀), 2(사과)
12  int MAT[101][101];
13  // (row, col) 뱀의 머리가 위치한 행과 열
14  int row, col;
15  // 뱀의 머리 방향(0:동,1:남,2:서,3:북)
16  int dir;
17  // 게임이 끝났는지 여부(is_end = 1)
18  int is_end;
19  int Answer;
20  void move() {
21      // 동쪽으로 이동
22      if (dir == 0) {
23          col++;
24      }
25      // 남쪽으로 이동
26      else if (dir == 1) {
27          row++;
28      }
29      // 서쪽으로 이동
30      else if (dir == 2) {
31          col--;
32      }
33      // 북쪽으로 이동
34      else {
35          row--;
36      }
37      // 이동 한 곳이 벽인 경우
38      if (row < 1 || row > N || col < 1 || col > N) {
39          is_end = 1;
40      }
41      // 이동한 곳이 뱀의 몸통인 경우
42      else if (MAT[row][col] == 1) {
```

```
43              is_end = 1;
44          }
45          // 이동한 곳에 사과가 있는 경우
46          else if (MAT[row][col] == 2) {
47              que.push(make_pair(row, col));
48              MAT[row][col] = 1;
49          }
50          // 빈 공간인 경우
51          else {
52              // 꼬리 한칸 제거
53              MAT[que.front().first][que.front().second] = 0;
54              que.pop();
55              que.push(make_pair(row, col));
56              MAT[row][col] = 1;
57          }
58  }
59  void turn(char D) {
60      // 왼쪽으로 전환한 경우
61      if (D == 'L') {
62          // 동->북(0->3)
63          // 북->서(3->2)
64          // 서->남(2->1)
65          // 남->동(1->0)
66          dir = (dir + 3) % 4;
67      }
68      // 오른쪽으로 전환한 경우
69      else {
70          // 동->남(0->1)
71          // 남->서(1->2)
72          // 서->북(2->3)
73          // 북->동(3->0)
74          dir = (dir + 1) % 4;
75      }
76  }
77  int main() {
78      scanf("%d", &T);
79      for (int test_case = 1; test_case <= T; test_case ++) {
80          scanf("%d %d %d", &N, &M, &K);
81          //초기화
82          for (int i = 1; i <= N; i ++) {
83              for (int j = 1; j <= N; j ++) {
84                  MAT[i][j] = 0;
85              }
86          }
87          Answer = 0;
88          is_end = 0;
```

```
 89          dir = 0;
 90          row = 1;
 91          col = 1;
 92          while (!que.empty()) {
 93              que.pop();
 94          }
 95
 96          for (int i = 1; i <= M; i ++) {
 97              int R, C;
 98              scanf("%d %d", &R, &C);
 99              MAT[R][C] = 2;
100          }
101          que.push(make_pair(row, col));
102          MAT[1][1] = 1;
103          for (int i = 1; i <= K; i ++) {
104              scanf("%d %c", &A[i], &B[i]);
105          }
106          for (int i = 1; i <= K; i ++) {
107              for (int j = 1; j <= A[i]; j ++) {
108                  Answer++;
109                  move();
110                  // 게임이 끝났다면
111                  if (is_end == 1) {
112                      break;
113                  }
114              }
115              // 게임이 끝났다면
116              if (is_end == 1) {
117                  break;
118              }
119              turn(B[i]);
120          }
121          // 게임이 아직 안끝났다면
122          while (is_end != 1) {
123              Answer++;
124              move();
125          }
126          printf("#%d %d\n", test_case, Answer);
127      }
128 }
```

JAVA

```
1  import java.util.LinkedList;
2  import java.util.Queue;
3  import java.util.Scanner;
4
5  public class Solution {
6
7      static Queue <int []> que = new LinkedList <>();
8      static int T, N, M, K;
9      static int A[] = new int[10001];
10     static char B[] = new char[10001];
11     // MAT = 0(빈공간), 1(뱀), 2(사과)
12     static int MAT[][] = new int[101][101];
13     // (row, col) 뱀의 머리가 위치한 행과 열
14     static int row, col;
15     // 뱀의 머리 방향(0:동,1:남,2:서,3:북)
16     static int dir;
17     // 게임이 끝났는지 여부(is_end = 1)
18     static int is_end;
19     static int Answer;
20     public static void move() {
21         // 동쪽으로 이동
22         if (dir == 0) {
23             col++;
24         }
25         // 남쪽으로 이동
26         else if (dir == 1) {
27             row++;
28         }
29         // 서쪽으로 이동
30         else if (dir == 2) {
31             col--;
32         }
33         // 북쪽으로 이동
34         else {
35             row--;
36         }
37         // 이동 한 곳이 벽인 경우
38         if (row < 1 || row > N || col < 1 || col > N) {
39             is_end = 1;
40         }
41         // 이동한 곳이 뱀의 몸통인 경우
42         else if (MAT[row][col] == 1) {
43             is_end = 1;
44         }
```

```
45              // 이동한 곳에 사과가 있는 경우
46              else if (MAT[row][col] == 2) {
47                  que.add(new int[] {row,col});
48                  MAT[row][col] = 1;
49              }
50              // 빈 공간인 경우
51              else {
52                  // 꼬리 한칸 제거
53                  int prev[] = que.poll();
54                  MAT[prev[0]][prev[1]] = 0;
55                  que.add(new int[] {row,col});
56                  MAT[row][col] = 1;
57              }
58          }
59          public static void turn(char D) {
60              // 왼쪽으로 전환한 경우
61              if (D == 'L') {
62                  // 동->북(0->3)
63                  // 북->서(3->2)
64                  // 서->남(2->1)
65                  // 남->동(1->0)
66                  dir = (dir + 3) % 4;
67              }
68              // 오른쪽으로 전환한 경우
69              else {
70                  // 동->남(0->1)
71                  // 남->서(1->2)
72                  // 서->북(2->3)
73                  // 북->동(3->0)
74                  dir = (dir + 1) % 4;
75              }
76          }
77          public static void main(String[] args) {
78              Scanner sc = new Scanner(System.in);
79              T = sc.nextInt();
80              for (int test_case = 1; test_case <= T; test_case ++) {
81                  N = sc.nextInt();
82                  M = sc.nextInt();
83                  K = sc.nextInt();
84                  //초기화
85                  for (int i = 1; i <= N; i ++) {
86                      for (int j = 1; j <= N; j ++) {
87                          MAT[i][j] = 0;
88                      }
89                  }
90                  Answer = 0;
```

```
91              is_end = 0;
92              dir = 0;
93              row = 1;
94              col = 1;
95              que.clear();
96
97              for (int i = 1; i <= M; i ++) {
98                  int R = sc.nextInt();
99                  int C = sc.nextInt();
100                 MAT[R][C] = 2;
101             }
102             que.add(new int[] {row, col});
103             MAT[1][1] = 1;
104             for (int i = 1; i <= K; i ++) {
105                 A[i] = sc.nextInt();
106                 B[i] = sc.next().charAt(0);
107             }
108             for (int i = 1; i <= K; i ++) {
109                 for (int j = 1; j <= A[i]; j ++) {
110                     Answer++;
111                     move();
112                     // 게임이 끝났다면
113                     if (is_end == 1) {
114                         break;
115                     }
116                 }
117                 // 게임이 끝났다면
118                 if (is_end == 1) {
119                     break;
120                 }
121                 turn(B[i]);
122             }
123             // 게임이 아직 안끝났다면
124             while (is_end != 1) {
125                 Answer++;
126                 move();
127             }
128             System.out.println("#" + test_case + " " + Answer);
129         }
130     }
131 }
```

[문제 5-8. 뱀 게임] 문제 해설

– 알고리즘 분류 : 구현(Implementation)

이 문제에서 주의해야 할 점은 K번의 이동과 방향전환 후에도 게임이 끝나지 않았다면, 게임이 끝날 때까지 직진해야 하는 부분이다. 모범코드의 K번의 반복문 후 시작되는 while문을 눈여겨보자. (C++ 121줄, JAVA 123줄)

모범 코드는 K번의 이동과 방향전환 입력값을 먼저 배열로 모두 받고, 다시 K번의 반복문을 통해 이동과 방향전환을 진행했다. 만약 모범코드와 다르게 이동과 방향전환을 하나씩 입력받으면서 이동을 진행하는 방식으로 코딩한 경우에는 중간에 게임이 끝나게 될 경우 나머지 입력값을 모두 처리하고, 케이스를 종료해야 함에 유의하자. 나머지 입력값을 처리하지 않고 해당 케이스를 종료한다면, 나머지 입력값이 다음 테스트케이스 입력값으로 들어가게 되어 엉뚱한 결과를 낳게 된다.

또한, 방향전환 함수(turn)에서 $dir = (dir + 1) \% 4$와 $(dir + 3) \% 4$를 사용했는데, 이 부분이 헷갈린다면 if문으로 나누어서 코딩하여도 상관없다.

모범코드에서는 큐(Queue)를 이용해 뱀의 몸통을 순서대로 관리했는데, 큐를 사용하고 싶지 않다면 배열의 투 포인터(Two Pointer) 기법을 이용하여 코딩해도 무관하다. 투 포인터 기법을 사용할 때에는 뱀의 머리와 꼬리를 나타내는 배열의 인덱스 변수 두 개를 가지고 뱀의 위치를 조절하면 된다.

[문제 6-9. 숫자 지우기]

힙, 정적 메모리 모두 합쳐서 256MB이내, 스택 메모리 1MB 이내
제한시간 C/C++ : 1.5초 이내, JAVA : 2.5초 이내

N개의 자연수로 이루어진 수열 A_i가 있다. 수열의 i번째 숫자 A_i를 0으로 바꾸면 A_i점을 획득하는 대신 수열에 있는 숫자들 중 값이 A_i+1, A_i-1인 것들이 모두 0으로 바뀐다. 수열의 모든 숫자를 0으로 바꿨을 때 얻을 수 있는 최고 점수를 출력하는 프로그램을 작성하시오.

[입력]

첫 번째 줄에 테스트케이스의 수 T(1≤T≤50)가 주어진다.

각 테스트케이스마다 교실의 길이 N이 주어지고, 그다음 줄에 수열 A_i가 공백을 두고 N개 주어진다.(1≤N, A_i≤100000)

[출력]

각 줄마다 "#T"(T는 테스트케이스 번호)를 출력한 뒤, 공백을 두고 수열의 모든 숫자를 0으로 바꿨을 때 얻을 수 있는 최고 점수를 출력한다.

[sample input]

```
5
9
1 2 1 3 2 2 2 2 3
5
100000 100000 100000 100000 100000
10
1 7 1 4 9 10 8 2 9 9
10
10 5 8 9 5 6 8 7 2 8
20
70 22 52 79 32 47 56 78 17 76 58 32 71 22 90 42 42 2 59 100
```

[sample output]
#1 10
#2 500000
#3 40
#4 46
#5 841

[문제 6-9. 숫자 지우기] 모범 코드

C++

```
1   #include <stdio.h>
2   #include <algorithm>
3
4   using namespace std;
5
6   int T, N, A;
7   // B[i] : 수열에 있는 숫자 i의 개수
8   long long B[100001];
9   // D[i] : 수열에서 1 ~ i까지의 숫자를 모두 지웠을 때의 최대점수
10  long long D[100001];
11  int main() {
12      scanf("%d", &T);
13      for (int test_case = 1; test_case <= T; test_case ++) {
14          scanf("%d", &N);
15          // 초기화
16          for (int i = 1; i <= 100000; i ++) {
17              B[i] = 0;
18          }
19          // 수열의 순서는 중요하지 않다.
20          // 각 숫자가 수열에서 몇번 나왔는지만 파악한다.
21          for (int i = 1; i <= N; i ++) {
22              scanf("%d", &A);
23              B[A]++;
24          }
25          D[0] = 0;
26          // D[1] : 1을 모두 지웠을 때의 최대값은 1을 B[1]번 지웠을 때이다.
27          D[1] = B[1] * 1;
28          for (int i = 2; i <= 100000; i ++) {
29              // i-1를 하나라도 지우면 i는 모두 지워지므로
30              // i까지 모두 지웠을 때의 최대값은 아래 두 경우 중 큰 값이다
31              // 1. i-2까지 모두 지운 후, i를 B[i]번 지운 경우
32              // 2. i-1까지 모두 지운 경우
33              D[i] = max(D[i - 2] + B[i] * i, D[i - 1]);
34          }
35          printf("#%d %lld\n", test_case, D[100000]);
36      }
37  }
```

JAVA

```java
1   import java.util.Scanner;
2
3   public class Solution {
4
5       static int T, N, A;
6       // B[i] : 수열에 있는 숫자 i의 개수
7       static int B[] = new int[100001];
8       // D[i] : 수열에서 1 ~ i까지의 숫자를 모두 지웠을 때의 최대점수
9       static long D[] = new long[100001];
10
11      public static void main(String[] args) {
12          Scanner sc = new Scanner(System.in);
13          T = sc.nextInt();
14          for (int test_case = 1; test_case <= T; test_case ++) {
15              N = sc.nextInt();
16              // 초기화
17              for (int i = 1; i <= 100000; i ++) {
18                  B[i] = 0;
19              }
20              // 수열의 순서는 중요하지 않다.
21              // 각 숫자가 수열에서 몇번 나왔는지만 파악한다.
22              for (int i = 1; i <= N; i ++) {
23                  A = sc.nextInt();
24                  B[A]++;
25              }
26              D[0] = 0;
27          // D[1] : 1을 모두 지웠을 때의 최대값은 1을 B[1]번 지웠을 때이다.
28              D[1] = B[1] * 1;
29              for (int i = 2; i <= 100000; i ++) {
30                  // i-1를 하나라도 지우면 i는 모두 지워지므로
31                  // i까지 모두 지웠을 때의 최대값은 아래 경우 중 큰 값이다
32                  // 1. i-2까지 모두 지운 후, i를 B[i]번 지운 경우
33                  // 2. i-1까지 모두 지운 경우
34                  D[i] = Math.max(D[i - 2] + B[i] * i, D[i - 1]);
35              }
36              System.out.println("#" + test_case + " " + D[100000]);
37          }
38      }
39  }
```

[문제 6-9. 숫자 지우기] **문제 해설**

– 알고리즘 분류 : 동적 계획법(DP)

sample input 1번을 자세히 살펴보자

> 최초 수열 : [1. 2, 1, 3, 2, 2, 2, 2, 3]
> 최대 점수 : 10

먼저 두 번째 숫자인 A_2(=2)를 0으로 바꾸면 2점을 획득하게 되며, 규칙에 따라서 수열에서 $A_2 - 1$(= 1)과 $A_2 + 1$(= 3)인 숫자들이 모두 0으로 바뀐다. 즉, 수열은 남은 숫자는 순서대로 [0, 0, 0, 0, 2, 2, 2, 2, 0]이 된다. 다시 A_5(=2)를 0으로 바꾸면 점수는 2점을 추가로 획득하여 4점이 되고, 수열에서 A_5-1(=1)과 A_5+1(=3)인 숫자가 없기 때문에 더 이상 0으로 바뀌는 숫자는 없다. 남은 수열 [0, 0, 0, 0, 0, 2, 2, 2, 0] 에서 A_6(=2), A_7(=2), A_8(=2)를 순서대로 0으로 바꿔주면 각각 2점씩 획득하여 총 10점을 얻게 된다.

다시 말해, 이 문제에서는 수열의 순서보다는 각 숫자가 몇 번 등장하는지가 중요하다. 또한 D[i]를 수열에서 1 ~ i까지의 숫자들을 모두 0으로 바꾸고, 적어도 한개 이상의 $A_j = i$인 수를 선택했을 때의 최대 점수로 정의하여 접근해 볼 수 있다.

구체적으로 말하면 A_j의 값이 1 ~ i인 값을 모두 0을 바꾸는 경우는 아래 두 경우로 나타낼 수 있다.

1. 수열에서 1 ~ (i-2)까지의 숫자들을 모두 0으로 바꾸고, 적어도 한 개 이상의 $A_j = (i-2)$인 수를 선택한 상태(D[i-2])라면, $A_j = (i-1)$인 수들은 모두 지워진 상태이다.($A_j = (i-2)$인 수를 선택했기 때문) 따라서 남은 $A_j = i$를 만족하는 모든 수열의 수, B[i]개를 선택하는 방법. (D[i-2] + B[i] * i)

2. 수열에서 1 ~ (i-1)까지의 숫자들을 모두 0으로 바꾸고, 적어도 한 개 이상의 $A_j = (i-1)$인 수를 선택한 상태(D[i-1])라면, 이미 $A_j = i$인 수들은 모두 지워진 상태이다. (D[i-1])

따라서 D[i] = max(D[i-2] + B[i] * i, D[i-1])이라는 점화식을 얻을 수 있고, D[1]부터 D[100000]까지 갱신하여 출력하면 우리가 원하는 답을 구할 수 있다. 모범 코드에서는 D[100000]을 출력했지만, 수열의 최댓값 까지만 0으로 만들면 수열은 모두 0이 되기 때문에 D[100000]대신 D[수열의 최대값]을 출력하여도 무방하다.

[문제 6-10. 디스트로이어]

힙, 정적 메모리 모두 합쳐서 256MB이내, 스택 메모리 1MB 이내
제한시간 C/C++ : 2.5초 이내, JAVA : 3.5초 이내

로키는 아스가르드의 수호신 디스트로이어가 파괴된 후 기존의 디스트로이어보다 더 강력한 변종 디스트로이어를 만들어 테스트를 하고 있다.

기존 '디스#1'이라 불리는 기존 디스트로이어는 눈에서 강력한 레이저를 발사해 현재 위치에서 바라보고 있는 방향 한 줄을 앞 칸부터 순서대로 파괴한다.

변종 디스트로이어 '디스#2 ~ #4'는 다음과 같이 행동한다.
'디스#2'는 동서남북 중 같지 않은 두 방향을 선택해 그 줄 전체를 파괴한다.
'디스#3'는 동서남북 중 같지 않은 세 방향을 선택해 그 줄 전체를 파괴한다.
'디스#4'는 동서남북 네 줄 모두를 파괴한다.
디스트로이어들의 레이저는 비브라늄, 다른 디스트로이어를 만나기 전까지만 격자를 파괴한다.

마음 약한 토르는 비브라늄으로 둘러싸인 행과 열의 길이가 N인 격자 위에 디스#1 ~ #4를 특정 위치에 고정시켜 두고 격자를 최소한으로 파괴하려 한다. 이때, 파괴되지 않은 격자의 최대 개수를 출력하는 프로그램을 작성하시오.

[입력]
첫 번째 줄에 테스트케이스의 수 T(1≤T≤10)가 주어진다.
각 테스트케이스마다 행과 열의 길이 N이 주어진다.(3≤N≤6)
다음 N개의 줄에는 각 줄마다 N개의 숫자가 주어지는데 i번째 줄 j번째 숫자는 i행 j열 (i, j)의 상태 W_{ij}를 의미한다.

W_{ij}가 0인 경우 파괴되지 않은 격자를, 1인 경우 디스#1이 위치를 의미한다. 마찬가지로 2,3,4의 경우 디스#2,#3,#4가, 5인 경우 비브라늄이 위치하는 것을 뜻한다. 단 격자 위의 디스트로이어의 총 개수는 7개를 넘지 않는다.

[출력]
각 줄마다 "#T"(T는 테스트케이스 번호)를 출력한 뒤, 파괴되지 않은 격자의 최대 개수를 출력한다.

[sample input]
4
4
0 0 0 0
3 0 5 0
0 0 2 0
0 0 0 0
6
0 0 0 0 0 0
0 2 0 0 0 0
0 0 0 0 5 0
0 5 0 0 2 0
0 0 0 0 0 0
0 0 0 0 0 4
6
1 0 0 0 0 0
0 1 0 0 0 0
0 0 1 0 0 0
0 0 0 1 0 0
0 0 0 0 1 0
0 0 0 0 0 1
6
3 0 0 5 0 0
0 3 0 0 0 0
0 0 3 5 0 0
5 0 0 3 0 0
0 0 0 0 3 0
0 0 0 0 0 3

[sample output]
#1 10
#2 19
#3 24
#3 11

[문제 6-10. 디스트로이어] 모범 코드

C++

```cpp
1  #include <stdio.h>
2  #include <vector>
3  #include <algorithm>
4
5  using namespace std;
6
7  // 디스트로이어의 위치를 담을 벡터
8  vector <pair <int, int >> dis;
9  int T,N;
10 int W[7][7];
11 int Answer;
12 // 동서남북 네 방향 탐색을 위한 배열
13 int dr[] = { 0,1,0,-1 };
14 int dc[] = { 1,0,-1,0 };
15 void fire(int row, int col, int dir) {
16     while (true) {
17         row = row + dr[dir];
18         col = col + dc[dir];
19         // 격자를 벗어나지 않고
20         // 디스트로이어나 비브라늄이 아닌경우
21         if (row <= N && row >= 1 && col <= N && col >= 1
22             && W[row][col] <= 0) {
23             // W[][] 값을 하나 감소시킨다.
24             // 즉, W[i][j] = -k 인경우 레이저가 k번 중첩
25             W[row][col]--;
26         }
27         else {
28             break;
29         }
30     }
31 }
32 void water(int row, int col, int dir) {
33     while (true) {
34         row = row + dr[dir];
35         col = col + dc[dir];
36         // 격자를 벗어나지 않고
37         // 디스트로이어나 비브라늄이 아닌경우
38         if (row <= N && row >= 1 && col <= N && col >= 1
```

```
39              && W[row][col] <= 0) {
40              // W[][] 값을 하나 증가시켜 원복한다.
41              W[row][col]++;
42          }
43          else {
44              break;
45          }
46      }
47  }
48  void dfs(int idx) {
49      // 종료조건
50      // 모든 디스트로이어의 방향을 결정한 경우
51      if (idx == dis.size()) {
52          int cand = 0;
53          // 파괴되지 않은 격자를 탐색
54          for (int i = 1; i <= N; i ++) {
55              for (int j = 1; j <= N; j ++) {
56                  if (W[i][j] == 0) {
57                      cand++;
58                  }
59              }
60          }
61          if (Answer < cand) {
62              Answer = cand;
63          }
64      }
65      else {
66          int row = dis[idx].first;
67          int col = dis[idx].second;
68          int type = W[row][col];
69          // 디스#1
70          if (type == 1) {
71              for (int i = 0; i < 4; i ++) {
72                  fire(row, col, i);
73                  dfs(idx + 1);
74                  water(row, col, i);
75              }
76          }
77          // 디스#2
78          else if (type == 2) {
79              for (int i = 0; i < 4; i ++) {
```

```
80                    for (int j = i +1; j < 4; j ++) {
81                        fire(row, col, i);
82                        fire(row, col, j);
83                        dfs(idx + 1);
84                        water(row, col, i);
85                        water(row, col, j);
86                    }
87                }
88            }
89            // 디스#3
90            else if (type == 3) {
91                for (int i = 0; i < 4; i ++) {
92                    fire(row, col, i);
93                    fire(row, col, (i + 1) % 4);
94                    fire(row, col, (i + 2) % 4);
95                    dfs(idx + 1);
96                    water(row, col, i);
97                    water(row, col, (i + 1) % 4);
98                    water(row, col, (i + 2) % 4);
99                }
100           }
101           // 디스#4
102           else {
103               fire(row, col, 0);
104               fire(row, col, 1);
105               fire(row, col, 2);
106               fire(row, col, 3);
107               dfs(idx + 1);
108               water(row, col, 0);
109               water(row, col, 1);
110               water(row, col, 2);
111               water(row, col, 3);
112           }
113       }
114 }
115 int main() {
116     scanf("%d", &T);
117     for (int test_case = 1; test_case <= T; test_case ++) {
118         scanf("%d", &N);
119         dis.clear();
120         for (int i = 1; i <= N; i ++) {
```

```
121              for (int j = 1; j <= N; j ++) {
122                  scanf("%d", &W[i][j]);
123                  if (W[i][j] >= 1 && W[i][j] <= 4) {
124                      dis.push_back(make_pair(i, j));
125                  }
126              }
127          }
128          Answer = 0;
129          dfs(0);
130          printf("#%d %d\n", test_case, Answer);
131      }
132  }
```

JAVA

```java
1   import java.util.ArrayList;
2   import java.util.Scanner;
3
4   public class Solution {
5
6       // 디스트로이어의 위치를 담을 벡터
7       static ArrayList <int[]> dis = new ArrayList <>();
8       static int T, N;
9       static int W[][] = new int[7][7];
10      static int Answer;
11      // 동서남북 네 방향 탐색을 위한 배열
12      static int dr[] = { 0, 1, 0, -1 };
13      static int dc[] = { 1, 0, -1, 0 };
14
15      public static void fire(int row, int col, int dir) {
16          while (true) {
17              row = row + dr[dir];
18              col = col + dc[dir];
19              // 격자를 벗어나지 않고
20              // 디스트로이어나 비브라늄이 아닌경우
21              if (row <= N && row >= 1 && col <= N && col >= 1
22                  && W[row][col] <= 0) {
23                  // W[][] 값을 하나 감소시킨다.
24                  // 즉, W[i][j] = -k 인경우 레이저가 k번 중첩
25                  W[row][col]--;
26              }
27              else {
28                  break;
29              }
30          }
31      }
32
33      public static void water(int row, int col, int dir) {
34          while (true) {
35              row = row + dr[dir];
36              col = col + dc[dir];
37              // 격자를 벗어나지 않고
38              // 디스트로이어나 비브라늄이 아닌경우
39              if (row <= N && row >= 1 && col <= N && col >= 1
40                  && W[row][col] <= 0) {
```

```
41              // W[][] 값을 하나 증가시켜 원복한다.
42              W[row][col]++;
43          }
44          else {
45              break;
46          }
47      }
48  }
49
50  public static void dfs(int idx) {
51      // 종료조건
52      // 모든 디스트로이어의 방향을 결정한 경우
53      if (idx == dis.size()) {
54          int cand = 0;
55          // 파괴되지 않은 격자를 탐색
56          for (int i = 1; i <= N; i ++) {
57              for (int j = 1; j <= N; j ++) {
58                  if (W[i][j] == 0) {
59                      cand++;
60                  }
61              }
62          }
63          if (Answer < cand) {
64              Answer = cand;
65          }
66      }
67      else {
68          int row = dis.get(idx)[0];
69          int col = dis.get(idx)[1];
70          int type = W[row][col];
71          // 디스#1
72          if (type == 1) {
73              for (int i = 0; i < 4; i ++) {
74                  fire(row, col, i);
75                  dfs(idx + 1);
76                  water(row, col, i);
77              }
78          }
79          // 디스#2
80          else if (type == 2) {
81              for (int i = 0; i < 4; i ++) {
```

```
82                         for (int j = i + 1; j < 4; j ++) {
83                             fire(row, col, i);
84                             fire(row, col, j);
85                             dfs(idx + 1);
86                             water(row, col, i);
87                             water(row, col, j);
88                         }
89                     }
90                 }
91                 // 디스#3
92                 else if (type == 3) {
93                     for (int i = 0; i < 4; i ++) {
94                         fire(row, col, i);
95                         fire(row, col, (i + 1) % 4);
96                         fire(row, col, (i + 2) % 4);
97                         dfs(idx + 1);
98                         water(row, col, i);
99                         water(row, col, (i + 1) % 4);
100                        water(row, col, (i + 2) % 4);
101                    }
102                }
103                // 디스#4
104                else {
105                    fire(row, col, 0);
106                    fire(row, col, 1);
107                    fire(row, col, 2);
108                    fire(row, col, 3);
109                    dfs(idx + 1);
110                    water(row, col, 0);
111                    water(row, col, 1);
112                    water(row, col, 2);
113                    water(row, col, 3);
114                }
115            }
116        }
117
118        public static void main(String[] args) {
119            Scanner sc = new Scanner(System.in);
120            T = sc.nextInt();
121            for (int test_case = 1; test_case <= T; test_case++) {
122                N = sc.nextInt();
```

```
123              dis.clear();
124              for (int i = 1; i <= N; i ++) {
125                  for (int j = 1; j <= N; j ++) {
126                      W[i][j] = sc.nextInt();
127                      if (W[i][j] >= 1 && W[i][j] <= 4) {
128                          dis.add(new int[] { i, j });
129                      }
130                  }
131              }
132              Answer = 0;
133              dfs(0);
134              System.out.println("#" + test_case + " " + Answer);
135          }
136      }
137  }
```

[문제 6-10. 디스트로이어] 문제 해설

- 알고리즘 분류 : 구현(Implementation)

디스트로이어 #1, #2, #3이 바라볼 수 있는 방향은 각각 4개, 2개, 4개이고 각 경우에 따라 격자를 파괴시키고, 복구시키는 것을 반복해 준다. 이 문제도 마찬가지로 격자를 파괴시키는 함수(fire)와 복구시키는 함수(water)를 작성해 관리하면 좀 더 효율적으로 관리할 수 있다.

완전탐색알고리즘을 사용하기 위해선 앞에서 언급한 것처럼 먼저 시간복잡도 계산을 해야 하는데 이 문제의 경우 각 디스트로이어가 바라볼 수 있는 방향의 종류는 최대 4가지이고, 디스트로이어의 개수는 7개이므로 모든 디스트로이어가 바라볼 수 있는 방향의 종류는 총 $4^7 = 16,384$가지이다. 특히 3번 디스트로이어의 경우 방향의 종류가 4가지, 파괴시키는 격자는 3N이고, 마지막에 격자 전체를 탐색하며 파괴되지 않은 격자를 찾으므로 각 테스트케이스마다 최대 $4^7 \times 3N \times N^2 = 4^7 \times 3 \times 6 \times 6^2 ≒ 10^7$번 정도의 연산을 수행한다. 따라서 주어진 제한시간 안에 수행될 수 있다.

[문제 6-11. 연산자]

힙, 정적 메모리 모두 합쳐서 256MB이내, 스택 메모리 1MB 이내
제한시간 C/C++ : 1.5초 이내, JAVA : 2.5초 이내

N개의 숫자 A_i와 더하기(+), 빼기(-), 곱하기(×)로 중 하나로 이루어진 연산자 N-1개가 주어져 있다. 각 숫자 사이에 연산자를 집어넣어 계산했을 때, 값이 최대인 것과 최소인 것의 차이를 구하는 프로그램을 작성하시오. 단, 식의 계산은 연산자 우선순위를 무시하고 무조건 앞에서부터 계산을 진행한다.

[입력]

첫 번째 줄에 테스트케이스의 수 T(1≤T≤50)가 주어진다.
각 테스트케이스마다 행과 열의 길이 N이 주어진다.(3≤N≤11)
다음 줄에 N개의 숫자 A_i가 공백을 두고 순서대로 주어진다. (1≤ A_i ≤50)
그다음 줄에 더하기(+)의 개수, 빼기(-)의 개수, 곱하기(×)의 개수가 각각 공백을 두고 주어진다.

[출력]

각 줄마다 "#T"(T는 테스트케이스 번호)를 출력한 뒤, 계산식의 최댓값과 최소값의 차이를 출력하시오. 단, 식의 계산 과정이나 결과값은 모두 1억보다 작고 -1억보다 큰 경우만 주어진다.

[sample input]
10
6
1 2 3 4 5 6
2 1 2
5
100 95 41 3 73
2 0 2
5
95 72 97 7 65
1 1 2

```
8
14 88 10 61 44 30 70 66
1 4 2
3
76 49 59
0 0 2
11
32 90 64 20 75 59 67 79 79 9 59
0 7 4
3
13 59 42
1 1 0
11
9 19 14 19 10 18 12 6 11 8 20
1 7 3
9
26 11 48 79 17 79 88 49 24
5 3 1
9
15 85 7 74 14 60 62 86 2
6 1 2
```

[sample output]
```
#1 181
#2 672654
#3 1036798
#4 1306974
#5 0
#6 -736235069
#7 34
#8 377120
#9 36110
#10 1748896
```

C++

```cpp
#include <stdio.h>

int T, N;
int A[101];
// O[1] : 덧셈, O[2] : 뺄셈, O[3] : 곱셈의 개수
int O[4];
int min_Answer, MAX_Answer;
void dfs(int idx, int calc) {
    // 종료조건, 마지막 숫자에 도달했을 경우
    if (idx == N) {
        if (calc > MAX_Answer) {
            MAX_Answer = calc;
        }
        if (calc < min_Answer) {
            min_Answer = calc;
        }
    }
    // 탐색조건
    else {
        for (int i = 1; i <= 3; i ++) {
            // 연산자가 남아있는 경우
            if (O[i] > 0) {
                O[i]--;
                int next_calc = calc;
                if (i == 1) {
                    next_calc = calc + A[idx + 1];
                }
                else if (i == 2) {
                    next_calc = calc - A[idx + 1];
                }
                else if (i == 3) {
                    next_calc = calc * A[idx + 1];
                }
                dfs(idx + 1, next_calc);
                O[i]++;
            }
        }
    }
}
```

```
39   }
40   int main() {
41       scanf("%d", &T);
42       for (int test_case = 1; test_case <= T; test_case ++) {
43           scanf("%d", &N);
44           for (int i = 1; i <= N; i ++) {
45               scanf("%d", &A[i]);
46           }
47           for (int i = 1; i <= 3; i ++) {
48               scanf("%d", &O[i]);
49           }
50           // 최대값을 구할땐 초기값을 매우 작게 설정
51           MAX_Answer = -1e9;
52           // 최소값을 구할땐 초기값을 매우 크게 설정
53           min_Answer = 1e9;
54           dfs(1, A[1]);
55           int Answer = MAX_Answer - min_Answer;
56           printf("#%d %d\n",test_case, Answer);
57       }
58   }
```

JAVA

```java
1  import java.util.ArrayList;
2  import java.util.Scanner;
3
4  public class Solution {
5
6      static int T, N;
7      static int A[] = new int[101];
8      // O[1] : 덧셈, O[2] : 뺄셈, O[3] : 곱셈의 개수
9      static int O[] = new int[4];
10     static int min_Answer, MAX_Answer;
11     public static void dfs(int idx, int calc) {
12         // 종료조건, 마지막 숫자에 도달했을 경우
13         if (idx == N) {
14             if (calc > MAX_Answer) {
15                 MAX_Answer = calc;
16             }
17             if (calc < min_Answer) {
18                 min_Answer = calc;
19             }
20         }
21         // 탐색조건
22         else {
23             for (int i = 1; i <= 3; i ++) {
24                 // 연산자가 남아있는 경우
25                 if (O[i] > 0) {
26                     O[i]--;
27                     int next_calc = calc;
28                     if (i == 1) {
29                         next_calc = calc + A[idx + 1];
30                     }
31                     else if (i == 2) {
32                         next_calc = calc - A[idx + 1];
33                     }
34                     else if (i == 3) {
35                         next_calc = calc * A[idx + 1];
36                     }
37                     dfs(idx + 1, next_calc);
38                     O[i]++;
39                 }
40             }
```

```
41              }
42          }
43      public static void main(String[] args) {
44          Scanner sc = new Scanner(System.in);
45          T = sc.nextInt();
46          for (int test_case = 1; test_case <= T; test_case ++) {
47              N = sc.nextInt();
48              for (int i = 1; i <= N; i ++) {
49                  A[i] = sc.nextInt();
50              }
51              for (int i = 1; i <= 3; i ++) {
52                  O[i] = sc.nextInt();
53              }
54              // 최대값을 구할땐 초기값을 매우 작게 설정
55              MAX_Answer = (int)-1e9;
56              // 최소값을 구할땐 초기값을 매우 크게 설정
57              min_Answer = (int)1e9;
58              dfs(1, A[1]);
59              int Answer = MAX_Answer - min_Answer;
60              System.out.println("#" + test_case + " " + Answer);
61          }
62      }
63  }
```

[문제 6-11. 연산자] 문제 해설

– 알고리즘 분류 : 깊이 우선 탐색(DFS)

모범 코드는 계산에 필요한 연산자인 더하기(+), 빼기(-), 곱하기(×)를 각각 배열에 담고, dfs를 통해 모든 경우를 완전탐색하며 계산하였다. 각 연산자를 dfs함수의 인자로 들고 다녀도 되고, 모범 코드처럼 전역변수로 선언해서 사용하여도 상관없으니 본인에게 잘 맞는 방법으로 사용하길 바란다. 마찬가지로 시간복잡도를 계산해보면 N-1개의 자리에 들어갈 수 있는 연산자의 개수는 3개이므로 테스트케이스당 최대 $3^{11} = 177,147$번의 연산을 수행한다. 따라서 주어진 제한시간 내에 수행할 수 있다.

[문제 6-12. 선물상자]

힙, 정적 메모리 모두 합쳐서 256MB이내, 스택 메모리 1MB 이내
제한시간 C/C++ : 2초 이내, JAVA : 3.5초 이내

추석을 맞아 인규는 N명의 어린이들에게 송편이 들어있는 선물상자를 나눠주기로 하였다. 송편은 M개의 공장에서 생산되는데, 각 공장은 깨송편과 팥송편을 만드는 기계를 한 대씩 보유하고 있다. 아이들은 선물상자에 들어있는 송편들이 어느 공장에서 만들었는지는 미리 알 수 있으나 어느 기계를 이용해서 만들었는지는 알 수 없다. 아이들은 모두 깨송편을 너무 좋아하기 때문에 팥송편만 들어있는 선물상자라고 생각된다면 선물상자를 받지 않는다고 한다. 선물상자에 들어있는 송편의 생산정보가 j이거나 $-j$인 경우 j번째 공장에서 만들어진 송편임을 의미한다. 단, j와 $-j$중 하나는 깨송편이고, 다른 하나는 팥송편이지만 정확히 어느 것이 깨송편인지는 알 수 없다. 또한, 아이들은 다른 아이의 상자정보는 알 수 없고, 자신의 상자정보만 가지고 깨송편이 있는지를 판단한다고 한다. 인규가 아이들에게 선물상자를 나눠줬을 때 선물상자를 받지 않는 아이의 수를 출력하는 프로그램을 작성하시오.

[입력]
첫 번째 줄에 테스트케이스의 수 T(1≤T≤50)가 주어진다.

각 테스트케이스의 첫 번째 줄에 아이들의 수 N과 송편공장의 수 M이 공백을 두고 주어진다(1≤N,M≤10,000). 다음 N개의 줄에 아이들이 받은 선물상자의 정보가 한 줄씩 주어진다. i번째 선물상자의 정보는 선물상자에 들어있는 송편의 수 K_i가 주어지고 공백을 두고 K_i개의 송편들의 생산정보가 공백을 두고 주어진다. 또한, 아이들에게 주는 모든 송편 개수의 합 $\sum K_i$는 10,000을 넘지 않는다.

[출력]
각 줄마다 "#T"(T는 테스트케이스 번호)를 출력한 뒤, 선물상자를 받지 않는 아이의 수를 출력한다.

[sample input]
5
2 4

```
1 2
4 -3 3 3 -2
5 5
5 3 -2 1 2 5
3 -4 2 4
7 1 1 1 1 1 1 1
5 -5 5 5 5 5
4 1 5 -4 -4
10 1
2 1 -1
2 -1 1
2 1 -1
2 1 -1
2 1 -1
2 1 -1
2 -1 1
2 1 -1
2 -1 1
2 1 -1
1 3
3 1 1 2
2 4
3 -1 3 2
3 -2 4 3

[sample output]
#1 1
#2 2
#3 0
#4 1
#5 2
```

[문제 6-12. 선물상자] 모범 코드

C++

```
1    #include <stdio.h>
2
3    int T, N, M;
4    // S1[j] = i : i번째 선물상자에 +j송편이 있는 경우
5    int S1[10004];
6    // S2[j] = i : i번째 선물상자에 -j송편이 있는 경우
7    int S2[10004];
8    // 같은 공장에서 생산된 두 종류의 송편이 다 있는지 여부
9    int is_pair;
10   int Answer;
11   int main() {
12       scanf("%d", &T);
13       for (int test_case = 1; test_case <= T; test_case ++) {
14           scanf("%d %d", &N, &M);
15           Answer = 0;
16           for (int i = 1; i <= M; i ++) {
17               S1[i] = 0;
18               S2[i] = 0;
19           }
20           for (int i = 1; i <= N; i ++) {
21               is_pair = 0;
22               int K;
23               scanf("%d", &K);
24               for (int j = 1; j <= K; j ++) {
25                   int L;
26                   scanf("%d", &L);
27                   // 송편 정보가 양수인 경우
28                   if (L > 0) {
29                       S1[L] = i;
30                       // -L송편이 들어있었다면
31                       if (S2[L] == i) {
32                           is_pair = 1;
33                       }
34                   }
35                   else {
36                       S2[-L] = i;
37                       // L송편이 들어있었다면
38                       if (S1[-L] == i) {
```

```
39                              is_pair = 1;
40                        }
41                    }
42                }
43              // 한 상자에 +j, -j송편이 담겨있다면
44              // 적어도 깨송편이 하나는 담겨있다.
45              if (is_pair == 0) {
46                  Answer++;
47              }
48          }
49          printf("#%d %d\n", test_case, Answer);
50      }
51 }
```

JAVA

```java
1    import java.util.LinkedList;
2    import java.util.Queue;
3    import java.util.Scanner;
4
5    public class Solution {
6
7        static int T, N, M;
8        // S1[j] = i : i번째 선물상자에 +j송편이 있는 경우
9        static int S1[] = new int[10004];
10       // S2[j] = i : i번째 선물상자에 -j송편이 있는 경우
11       static int S2[] = new int[10004];
12       // 같은 공장에서 생산된 두종류의 송편이 다 있는지 여부
13       static int is_pair;
14       static int Answer;
15
16       public static void main(String[] args) {
17           Scanner sc = new Scanner(System.in);
18           T = sc.nextInt();
19           for (int test_case = 1; test_case <= T; test_case++) {
20               N = sc.nextInt();
21               M = sc.nextInt();
22               Answer = 0;
23               for (int i = 1; i <= M; i ++) {
24                   S1[i] = 0;
25                   S2[i] = 0;
26               }
27               for (int i = 1; i <= N; i ++) {
28                   is_pair = 0;
29                   int K = sc.nextInt();
30                   for (int j = 1; j <= K; j ++) {
31                       int L = sc.nextInt();
32                       // 송편 정보가 양수인 경우
33                       if (L > 0) {
34                           S1[L] = i;
35                           // -L송편가 들어있었다면
36                           if (S2[L] == i) {
37                               is_pair = 1;
38                           }
39                       }
40                       else {
```

```
41                          S2[-L] = i;
42                          // L송편이 들어있었다면
43                          if (S1[-L] == i) {
44                              is_pair = 1;
45                          }
46                      }
47                  }
48              // 한 상자에 +j, -j송편이 담겨있다면
49              // 적어도 깨송편이 하나는 담겨있다.
50              if (is_pair == 0) {
51                  Answer++;
52              }
53          }
54          System.out.println("#" + test_case + " " + Answer);
55      }
56   }
57 }
```

[문제 6-12. 선물상자] **문제 해설**

- 알고리즘 분류 : 구현(Implementation)

sample input 2번을 자세히 살펴보자

```
[sample input 2번]
5 5
5 3 -2 1 2 5
3 -4 2 4
7 1 1 1 1 1 1 1
5 -5 5 5 5 5
4 1 5 -4 -4
```

1번 아이가 받는 송편은 3, -2, 1, 2, 5인데 아이가 생각했을 때, 3, 1, 5는 모두 팥송편일 수 있다고 생각할 수 있다. 하지만 -2와 2가 모두 선물상자에 담겨 있기 때문에 적어도 둘 중 하나는 깨송편 일 수 밖에 없다. 따라서 1번 아이는 선물상자를 받는다.

2번 아이의 선물상자 역시 -4와 4가 모두 선물상자에 있기 때문에 적어도 하나는 깨송편이 들어있음을 알 수 있다.

같은 방법으로 3, 5번 선물상자는 모두 팥송편일 수 있기 때문에 상자를 받지 않고, 4번 선물상자는 -5와 5가 모두 들어있기 때문에 선물상자를 받는다. 따라서 선물상자를 받지 않는 아이는 총 3,4번 2명이다.

이 예제처럼 이 문제는 한 상자 안에 같은 공장에서 생산된 두 종류의 송편이 있는지 여부를 판단하여 문제를 해결할 수 있다. 다만, 학생의 수와 송편의 수가 최대 10,000이기 때문에 MAT[i][j] 같은 2차원 배열은 메모리 제한으로 인해 생성할 수 없다. 또한, vector나 Arraylist같은 자료구조를 이용해 만들 경우 이전에 담았던 송편를 탐색하는 데 O(N)의 시간이 소요되므로 시간제한에 걸린다. 따라서 모범코드처럼 하나의 배열을 활용하는 방법을 통해 문제를 해결할 수 있다.

[문제 6-13. 방탈출 게임3]

힙, 정적 메모리 모두 합쳐서 256MB이내, 스택 메모리 1MB 이내
제한시간 C/C++ : 1.5초 이내, JAVA : 2초 이내

유진이는 대망의 방탈출 게임 세계대회에 진출하였다. 이번 게임은 방들이 연결된 공간에서 방을 탈출할 수 있는지를 빠르게 판단하는 대회이다. 1번부터 N번까지 N개의 방들은 통로를 통해 한 쌍씩 연결되어 있다. 이 가운데는 열려있는 통로도 있으나 열쇠를 찾아야만 열 수 있는 잠겨있는 통로도 존재한다. 유진이가 시작점에서부터 탈출구까지 이동할 수 있는지를 판단하는 프로그램을 작성하시오.

[제한 조건]
- 유진이가 게임을 시작하는 방은 1번방이며, 탈출구는 N번 방이다.

[입력]
첫 번째 줄에 테스트케이스의 수 T(1≤T≤50)가 주어진다.
각 테스트케이스의 첫 번째 줄에 방의 수 N, 이미 열려있는 통로의 개수 M, 열쇠를 찾아야만 열 수 있는 잠겨있는 통로 K가 각각 공백을 두고 주어진다.
(5≤N≤30000, 0≤M+K≤2N)
다음 M개의 줄에는 각 줄마다 열려있는 통로가 연결하는 방 번호의 쌍이 공백을 두고 주어진다.
다음 K개의 줄에는 각 줄마다 잠겨있는 통로가 연결하는 방 번호의 쌍과 해당 통로를 열 수 있는 키가 있는 방 번호가 공백을 두고 주어진다.

[출력]
각 줄마다 "#T"(T는 테스트케이스 번호)를 출력한 뒤, 유진이가 탈출구로 갈 수 있다면 1, 그렇지 않다면 -1을 출력한다.

[sample input]
3
5 3 4

```
1 2
1 3
1 4
2 4 3
3 2 4
5 1 4
2 5 4
7 1 4
1 2
2 3 2
4 3 3
4 5 4
6 5 5
9 1 7
1 2
1 3 2
2 4 3
3 5 4
4 6 5
5 7 6
6 8 7
7 9 8
```

[sample output]

#1 1

#2 -1

#3 1

[문제 6-13. 방탈출 게임3] 모범 코드

C++

```cpp
1   #include <stdio.h>
2   #include <queue>
3   #include <algorithm>
4
5   using namespace std;
6
7   int T, N, M, K;
8   // open[i] : i번째 방과 열려있는 통로로 연결된 방
9   vector <int > open[30001];
10  // close[i] : i번째 방과 닫혀있는 통로로 연결된 방
11  vector <int > close[30001];
12  // key[i] : i번째 방에 있는 키가 연결하는 통로의 쌍
13  vector <pair <int,int >> key[30001];
14  // visited[i] = 1 : i번째 방을 지나간 것을 의미
15  int visited[30001];
16  // BFS를 위한 큐
17  queue <int > que;
18  int Answer;
19  int main() {
20      scanf("%d", &T);
21      for (int test_case = 1; test_case <= T; test_case ++) {
22          scanf("%d %d %d", &N, &M, &K);
23          for (int i = 1; i <= N; i ++) {
24              open[i].clear();
25              close[i].clear();
26              key[i].clear();
27          }
28          for (int i = 1; i <= N; i ++) {
29              visited[i] = 0;
30          }
31          Answer = -1;
32          for (int i = 1; i <= M; i ++) {
33              int A, B;
34              scanf("%d %d", &A, &B);
35              open[A].push_back(B);
36              open[B].push_back(A);
37          }
38          for (int i = 1; i <= K; i ++) {
39              int A, B, C;
40              scanf("%d %d %d", &A, &B, &C);
41              close[A].push_back(B);
```

```
42          close[B].push_back(A);
43          key[C].push_back(make_pair(A, B));
44      }
45      visited[1] = 1;
46      que.push(1);
47      while (!que.empty()) {
48          int now = que.front();
49          que.pop();
50          // 종료조건
51          if (now == N) {
52              Answer = 1;
53              break;
54          }
55          // 탐색조건
56          else {
57              // 현재 방에 있는 키로 열 수 있는 방을 탐색
58              for (int i = 0; i < key[now].size(); i ++) {
59                  int room_A = key[now][i].first;
60                  int room_B = key[now][i].second;
61                  // 두 방을 연결
62                  open[room_A].push_back(room_B);
63                  open[room_B].push_back(room_A);
64                  // 이미 지나온 방이라면 다시 탐색하도록 큐에 추가
65                  if (visited[room_A] == 1 && now !=room_A) {
66                      que.push(room_A);
67                  }
68                  if (visited[room_B] == 1 && now !=room_B) {
69                      que.push(room_B);
70                  }
71              }
72              // 현재 방과 연결된 방을 탐색
73              for (int i = 0; i < open[now].size(); i ++) {
74                  int nxt = open[now][i];
75                  // 아직 방문하지 않은 경우만 탐색
76                  if (visited[nxt] == 0) {
77                      visited[nxt] = 1;
78                      que.push(nxt);
79                  }
80              }
81          }
82      }
83      printf("#%d %d\n", test_case, Answer);
84  }
85 }
```

JAVA

```java
1   import java.util.ArrayList;
2   import java.util.LinkedList;
3   import java.util.Queue;
4   import java.util.Scanner;
5
6   public class Solution {
7
8       static int T, N, M, K;
9       // open[i] : i번째 방과 열려있는 통로로 연결된 방
10      static ArrayList <Integer> open[] = new ArrayList[30001];
11      // close[i] : i번째 방과 닫혀있는 통로로 연결된 방
12      static ArrayList <Integer> close[] = new ArrayList[30001];
13      // key[i] : i번째 방에 있는 키가 연결하는 통로의 쌍
14      static ArrayList <int[]> key[] = new ArrayList[30001];
15      // visited[i] = 1 : i번째 방을 지나간 것을 의미
16      static int visited[] = new int[30001];
17      // BFS를 위한 큐
18      static Queue <Integer> que = new LinkedList <>();
19      static int Answer;
20
21      public static void main(String[] args) {
22          Scanner sc = new Scanner(System.in);
23          T = sc.nextInt();
24          for (int test_case = 1; test_case <= T; test_case++) {
25              N = sc.nextInt();
26              M = sc.nextInt();
27              K = sc.nextInt();
28              for (int i = 1; i <= N; i ++) {
29                  open[i] = new ArrayList <>();
30                  close[i] = new ArrayList <>();
31                  key[i] = new ArrayList <>();
32              }
33              for (int i = 1; i <= N; i ++) {
34                  visited[i] = 0;
35              }
36              Answer = -1;
37              for (int i = 1; i <= M; i ++) {
38                  int A = sc.nextInt();
39                  int B = sc.nextInt();
40                  open[A].add(B);
```

```
41              open[B].add(A);
42          }
43      for (int i = 1; i <= K; i ++) {
44          int A = sc.nextInt();
45          int B = sc.nextInt();
46          int C = sc.nextInt();
47          close[A].add(B);
48          close[B].add(A);
49          key[C].add(new int[] { A, B });
50      }
51      visited[1] = 1;
52      que.add(1);
53      while (!que.isEmpty()) {
54          int now = que.poll();
55          // 종료조건
56          if (now == N) {
57              Answer = 1;
58              break;
59          }
60          // 탐색조건
61          else {
62              // 현재 방에 있는 키로 열 수 있는 방을 탐색
63              for (int i = 0; i < key[now].size(); i++) {
64                  int room_A = key[now].get(i)[0];
65                  int room_B = key[now].get(i)[1];
66                  // 두 방을 연결
67                  open[room_A].add(room_B);
68                  open[room_B].add(room_A);
69                  // 이미 지나온 방이면 다시 탐색하도록 큐에 추가
70                  if (visited[room_A] == 1 && now != room_A) {
71                      que.add(room_A);
72                  }
73                  if (visited[room_B] == 1 && now != room_B) {
74                      que.add(room_B);
75                  }
76              }
77              // 현재 방과 연결된 방을 탐색
78              for (int i = 0; i < open[now].size(); i++) {
79                  int nxt = open[now].get(i);
80                  // 아직 방문하지 않은 경우만 탐색
81                  if (visited[nxt] == 0) {
```

```
82                               visited[nxt] = 1;
83                               que.add(nxt);
84                          }
85                      }
86                  }
87              }
88              System.out.println("#" + test_case + " " + Answer);
89          }
90      }
91  }
```

[문제 6-13. 방탈출 게임3] **문제 해설**

- 알고리즘 분류 : 너비 우선 탐색(BFS)

먼저 이 문제에서 N의 범위가 30000이기 때문에 인접배열을 생성할 경우 메모리 제한을 벗어나므로 i번째 방에서 이동할 수 있는 방의 목록을 open[i]와 같은 인접 리스트로 관리하여 문제를 접근해야 한다.

또한, 문제에서 닫힌 통로를 여는 키를 하나도 발견하지 못해 통로의 변화가 없는 경우 현재 위치에서 이동할 수 있는 방을 큐에 넣고 다시 탐색하는 BFS를 통해 O(N)의 시간복잡도로 해결할 수 있다.

탐색 도중 키를 발견했을 경우, 기존에 막혀있던 두 방을 서로 연결해 주고, 만약 두 방중 이미 방문한 곳이라면 다시 탐색할 수 있도록 큐에 추가해주고 탐색을 진행하여 문제를 해결할 수 있다.

[문제 6-14. 도둑의 경로]

힙, 정적 메모리 모두 합쳐서 256MB이내, 스택 메모리 1MB 이내
제한시간 C/C++ : 2초 이내, JAVA : 3초 이내

도둑이 은행에 잠입할 계획을 세우고 있다. 현재 도둑은 1번 건물 1층 높이에 있고 은행은 N번 건물로, 현재 도둑의 위치와 은행 사이에는 N-2개의 건물이 위치해 있다. 모든 건물의 높이는 N으로 동일하고, 1번 건물부터 N번 건물의 벽에는 [U]또는 [D]마크가 붙어있다.

도둑이 [U]마크가 붙은 i번째 건물의 h_1층에서 다음 건물인 $i+1$번째 건물로 이동할 땐, 현재 높이와 같은 h_1층이나 한층 높은 h_1+1층으로 이동한다.

[D]마크가 붙은 j번째 건물의 h_2층에서 $j+1$번째 건물로 이동할 땐 h_2층과 같거나 낮은 높이 중 한 층으로 이동한다.

도둑은 i번 건물에서 다음 건물인 $i+1$번째 건물로 순서대로 이동해야 하며, N번째 건물인 은행에 도착했을 때 이동을 멈춘다. 도둑이 은행으로 이동할 수 있는 모든 경로의 수를 구하는 프로그램을 작성하시오.

[입력]
첫 번째 줄에 테스트케이스의 수 T(1≤T≤50)가 주어진다.
각 테스트케이스의 첫 번째 줄에 은행의 번호 N이 주어진다.(2≤N≤5000)
다음 줄에는 1번 건물부터 N-1번 건물의 벽에 붙어 있는 마크 N-1개가 순서대로 주어진다.

[출력]
각 줄마다 "#T"(T는 테스트케이스 번호)를 출력한 뒤 도둑이 은행까지 이동할 수 있는 경로의 개수를 출력한다. 단, 경로의 개수가 매우 많을 수 있으므로 100,000,123으로 나눈 나머지를 출력한다.

[sample input]
10
5
DUUD
5

UDUD
11
UDUUUUDUUU
11
DDUUDUDUDD
11
DDDUUUDUUU
20
DUUDDDDDDDUUUUDDUUD
30
UUUUUUUUUUUUUUUUUUUUUUUUUUUUUU
50
UUUUUUUUUUUUUUUUUUUUUUUUUUUUUUUUUUUUUUUUUUUUUUUUUUU
100
UUUUUUUUUUUUUUUUUUUUUUUUUUUUUUUUUUUUUUUUUUUUUUUUUUU
DDDDDDDDDDDDDDDDDDDDDDDDDDDDDDDDDDDDDDDDDDDDDDDDDDDD
100
UUUUUUUUUUUUUUUUUUUUUUUUUUUUUUUUUUUUUUUUUUUUUUUUUUU
UUUUUUUUUUUUUUUUUUUUUUUUUUUUUUUUUUUUUUUUUUUUUUUUUU

[sample output]
#1 8
#2 11
#3 1280
#4 277
#5 160
#6 73344
#7 36870297
#8 60993796
#9 18386771
#10 49192399

[문제 6-14. 도둑의 경로] 모범 코드

C++

```cpp
#include <stdio.h>
#define MAXN 100000123

int T, N;
// D[i][j] : i번째 건물의 j높이까지 올 수 있는 루트의 수
int D[5002][5002];
char B[5001];
int Answer;
int main() {
    scanf("%d", &T);
    for (int test_case = 1; test_case <= T; test_case ++) {
        scanf("%d", &N);
        scanf("%s", B + 1);
        Answer = 0;
        for (int i = 1; i <= N - 1; i ++) {
            for (int j = 1; j <= N - 1; j ++) {
                D[i][j] = 0;
            }
        }
        D[1][1] = 1;
        for (int i = 1; i <= N - 1; i ++) {
            // i번째 건물의 마크가 U인경우
            if (B[i] == 'U') {
                // i+1번째 건물의 1층의 경우 = i번째 건물의 1층
                D[i + 1][1] = D[i][1];
                for (int j = 1; j <= N; j ++) {
                    // i+1번째 건물의 j층의 경우
                    // i번째 건물의 j층 + i번째 건물의 j-1층
                    D[i + 1][j] = (D[i][j] + D[i][j - 1]) % MAXN;
                }
            }
            // i번째 건물의 마크가 D인경우
            else {
                for (int j = i; j >= 1; j --) {
                    // i+1번째 건물의 j층의 경우
                    // i번째 건물의 j층과 + j층보다 높은곳
                    D[i + 1][j] = (D[i + 1][j + 1] + D[i][j]) % MAXN;
                }
            }
```

```
39                 }
40            }
41            for (int i = 1; i <= N; i ++) {
42                Answer = (Answer + D[N][i]) % MAXN;
43            }
44            printf("#%d %d\n", test_case, Answer);
45        }
46    }
```

JAVA

```java
1   import java.util.Scanner;
2
3   public class Solution {
4
5       static int T, N;
6       // D[i][j] : i번째 건물의 j높이까지 올 수 있는 루트의 수
7       static int D[][] = new int[5001][5001];
8       static int MAXN = 100000123;
9       static String B;
10      static int Answer;
11
12      public static void main(String[] args) {
13          Scanner sc = new Scanner(System.in);
14          T = sc.nextInt();
15          for (int test_case = 1; test_case <= T; test_case ++) {
16              N = sc.nextInt();
17              B = sc.next();
18              Answer = 0;
19              for (int i = 1; i <= N - 1; i ++) {
20                  for (int j = 1; j <= N - 1; j ++) {
21                      D[i][j] = 0;
22                  }
23              }
24              D[1][1] = 1;
25              for (int i = 1; i <= N - 1; i ++) {
26                  // i번째 건물의 마크가 U인경우
27                  if (B.charAt(i -1) == 'U') {
28                      // i+1번째 건물의 1층의 경우 = i번째 건물의 1층
29                      D[i + 1][1] = D[i][1];
30                      for (int j = 1; j <= N; j ++) {
31                          // i+1번째 건물의 j층의 경우
32                          // i번째 건물의 j층 + i번째 건물의 j-1층
33                          D[i + 1][j] = (D[i][j] + D[i][j - 1]) % MAXN;
34                      }
35                  }
36                  // i번째 건물의 마크가 D인경우
37                  else {
38                      for (int j = i; j >= 1; j --) {
39                          // i+1번째 건물의 j층의 경우
40                          // i번째 건물의 j층과 + j층보다 높은곳
```

```
41                              D[i + 1][j] = (D[i + 1][j + 1] + D[i][j]) % MAXN;
42                      }
43                  }
44              }
45          for (int i = 1; i <= N; i ++) {
46              Answer = (Answer + D[N][i]) % MAXN;
47          }
48          System.out.println("#"+test_case +" "+Answer);
49      }
50   }
51 }
```

[문제 6-14. 도둑의 경로] 문제 해설

  – 알고리즘 분류 : 동적 계획법(DP)

먼저 D[i][j]를 i번째 건물에서 j높이까지 이동할 수 있는 모든 경로의 수로 정의하고 다음 두 가지의 경우를 생각해 보자.

• 마크가 [U]인 경우

$i+1$번째 건물의 h높이로 이동할 수 있는 경우는 i번째 건물의 h높이에서 이동하는 경우와, i번째 건물의 $h-1$높이에서 이동하는 두 가지 경우가 있다.

따라서 D = D[i][h] + D[i][h-1]로 나타낼 수 있다.

• 마크가 [D]인 경우

$i+1$번째 건물의 h높이로 이동할 수 있는 경우는 i번째 건물의 h높이보다 높은 곳에서 이동하는 모든 경우이다.

따라서 D[i+1][h] = D[i][h] + D[i][h+1] + ... + D[i][i]로 나타낼 수 있다.

하지만 위 식으로 계산할 경우 $i+1$번째 건물의 높이를 갱신하는데 $(1+2+...+i) \fallingdotseq i^2$의 연산이 필요하고, 따라서 시간복잡도는 O(N³)으로 제한시간 내에 통과할 수 없다.

다른 방법으로, 높은 곳부터 D값을 갱신해 보자.

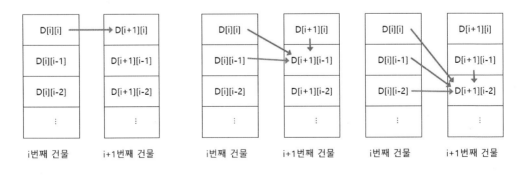

도둑이 이동 가능한 i번째 건물의 가장 높은 높이는 i이므로, D[i+1][i]=D[i][i]임을 알 수 있다.

한층 낮은 D[i+1][i-1]을 계산해 보면 이전 건물의 i-1층 보다 높은 값의 합이므로 D[i][i-1] + D[i][i]이다. 여기서, D[i][i]는 이미 계산한 D[i+1][i]와 같으므로 D[i+1][i-1] = D[i][i-1] + D[i+1][i] 으로 나타낼 수 있다.

마찬가지로 D[i+1][i-2] = D[i][i-2] + (D[i][i-1] + D[i][i])이지만 D[i+1][i-1] = D[i][i-1]+D[i+1][i] = D[i][i-1] + D[i][i] 이므로 D[i+1][i-2] = D[i][i-2] + D[i+1][i-1] 으로 나타낼 수 있다.

귀납적으로 D[i+1][j] = D[i][j] + D[i+1][j+1]로 나타낼 수 있다. 따라서 한 건물의 D값을 계산하는데 i번의 연산만 필요하므로 전체 건물의 D값을 갱신하는데 드는 시간 복잡도는 $O(N^2)$으로, 주어진 제한시간 내에 문제를 해결할 수 있다.

삼성 소프트웨어 역량테스트 완전정복

초판발행일 | 2018년 9월 29일

지은이 | 송종현
펴낸곳 | 도서출판 황금알
펴낸이 | 金永馥

주간 | 김영탁
편집실장 | 조경숙
편집디자인 | 안은희
인쇄제작 | 칼라박스
주소 | 03088 서울시 종로구 이화장2길 29-3, 104호(동숭동)
전화 | 02) 2275-9171
팩스 | 02) 2275-9172
이메일 | tibet21@hanmail.net
홈페이지 | http://goldegg21.com
출판등록 | 2003년 03월 26일 (제300-2003-230호)

©2018 송종현 & Gold Egg Publishing Company. Printed in Korea

값은 뒤표지에 있습니다.

ISBN 979-11-89205-11-9-13000